INDICATEUR

DE LA

VILLE DE CAEN.

INDICATEUR

COMPLET
DE LA
VILLE DE CAEN,

GUIDE DES ÉTRANGERS,

contenant

LES ADRESSES DE TOUS LES HABITANTS,

et précédé

D'UNE NOTICE HISTORIQUE SUR CAEN

ET SES MONUMENTS.

CAEN,
AIMÉ AVONDE, libraire, rue St.-Jean, 99,
au coin de la rue de l'Engannerie.

—

1836.

AVIS AU PUBLIC.

L'Ouvrage dont nous publions une seconde édition a été l'objet de critiques; quelques-unes nous ont été bienveillantes, et d'autres amères. Nous avons cherché à satisfaire les unes et les autres en corrigeant sans cesse depuis un an, et nous remercions tout le monde des avis qui nous sont parvenus, quelqu'ait pu être leur forme. Toutefois, il est de notre devoir de faire connaître la source des nombreuses erreurs qui ont été relevées. Plusieurs omissions et fausses classifications ne sauraient nous être imputées. La liste des patentes a été relevée exactement; mais, dans cette liste, nous avons reconnu plus tard que, sous certaines dénominations, se trouvaient des genres de commerce auxquels l'usage a assigné d'autres noms. Puis, quelques omissions ont pu être faites en répertoriant les noms par ordre alphabétique. Tous nos efforts ont tendu à faire disparaître ces imperfections, autant dans notre propre intérêt que dans celui du public.

Nous n'avons rien changé au plan de l'an dernier, et la disposition de notre ouvrage, est toujours la même.

1re. Partie : Notice Historique sur Caen et description de ses monuments.

2e. Partie : Administration, Garde Nationale, Sociétés savantes, Postes, etc.

3o. Partie : Liste des Commerçants de Caen.

PREMIÈRE PARTIE.

INDICATEUR

DE LA

VILLE DE CAEN.

PREMIÈRE PARTIE.

DESCRIPTION HISTORIQUE

DE

Caen et de ses Monuments.

§ Ier.

Caen est situé dans une prairie, au confluent de l'Orne et de l'Odon, à trois lieues de la mer, à 52 lieues 3 centièmes de Paris, sous le 17° 11' 13" de longitude, et le 49° 11' 10" de latitude.

L'origine du nom Caen est d'autant plus incertaine qu'il varie singulièrement dans les anciens écrivains : *Cadon, Cathim, Kan, Cathomum, Cadomus, Cadenrum, Camum, Campodomus*, etc., et tous ces mots, si divers d'orthographe, représentent le mot moderne *Caen*.

Quelques savants pensent qu'il dérive du mot celtique et saxon *Cadhom*, que Bochard dit signifier *Place de Guerre*.

Le fondateur de Caen n'est pas moins incertain. Nous laissons de côté Cadmus, Caïus-Julius-César et Caïus, comte d'Anjou et sénéchal du roi Arthur, fondateurs nés de l'imagination créatrice des savants du moyen-âge, qui désiraient découvrir l'origine mystérieuse de ce mot.

Caen n'existait pas du temps des Romains qui avaient des stations à Vieux, à Lébisey, et sur le *littoral saxon*, à une *villa* appelée *Grannonum*. On nommait *littoral saxon* les côtes du Calvados, parce que, dès le IIIe. siècle, des pirates saxons, partis des bords de l'Elbe, se fixèrent sur le territoire des Baïocasses (Bayeux). M. De la Rue pense que Caen a été fondé par des Saxons, mais sans pouvoir assigner de date à ce fait; car les documents historiques ne nous permettent pas de remonter plus haut que l'année 942; et, dès cette époque, Caen compte déjà parmi les villes importantes de la Normandie. Quant à l'emplacement de la ville primitive, il paraît convenable de penser que ce fut le côteau où est situé le château, d'autant plus que les Saxons se fixaient habituellement sur les lieux élevés.

En l'an 1027, Richard II, duc de Normandie, fit une charte à l'occasion du mariage de sa fille Adala avec Raynauld, comte de Bourgogne, et par cette charte, entre autres domaines, il lui concédait dans le comté de Bayeux « la ville que l'on appelle Cathim, sur » le fleuve d'Orne, avec ses églises, ses vi-

» gnes, ses prés, ses moulins, son marché,
» sa douane, son port, et tout ce qui s'en
» suit. » Dès cette époque, l'existence de Caen et sa richesse naissante sont établies et décrites avec une minutie qui ne permet pas de doute. Plus tard, Caen servit de résidence au duc Guillaume-le-Conquérant, ce qui, en 1056, attira contre cette ville les armes de Henri II, roi de France, avec lequel Guillaume était en guerre. Cette ville n'ayant pas encore d'enceinte, le duc de Normandie se retira; et afin de ne pas se retrouver en pareil cas, il ordonna, peu après, la construction du château et de l'enceinte de la ville : les travaux commencés en 1066 furent terminés en 1077.

Pendant la minorité de Guillaume, la Normandie avait été en proie à des troubles de toute espèce; partout il y avait mépris de la loi, oppression des personnes, pillage des propriétés; enfin, absence de pouvoir régulier. Le clergé, seule puissance à cette époque, résolut d'apporter remède à ces maux, et, dans un concile tenu à Caen en 1042, il proclama la *Trève de Dieu* qui durait depuis le mercredi soir jusqu'au lundi matin. La peine de la transgression de cette loi était trente ans d'exil, l'excommunication, la privation de la sépulture, suivant le cas. Le Duc seul fut excepté de la loi. Dix-neuf ans après, un second concile s'y assembla sur l'ordre de Guillaume, et établit le *couvre-feu*, après lequel les habitants devaient rentrer chez eux, fermer leurs boutiques, et éteindre leurs lumières.

En 1053, Guillaume voulut épouser Mathilde

ou Mahaut de Flandre, sa proche parente ; mais le pape s'y opposa : le prince ayant passé outre fut excommunié. Cette circonstance, en apparence étrangère à Caen, contribua puissamment à son embellissement ; car le pape Nicolas II ne pardonna à Guillaume qu'à condition que son épouse et lui feraient construire des hôpitaux à Rouen, à Caen, à Bayeux et à Cherbourg ; plus, deux abbayes à Caen.

Cependant, le 10 septembre 1087, au matin, Guillaume mourut à Rouen des suites d'une blessure qu'il avait reçue à Mantes. Tout le monde sait comme il fut abandonné de ses fils et de ses domestiques. Un simple cavalier des environs de Rouen, nommé Herluin, fit transporter, à ses frais, par terre et par eau, le conquérant de l'Angleterre, jusqu'à Caen. Lorsqu'il approcha de cette ville, le clergé, les moines de l'abbaye St.-Etienne et le peuple se portèrent en grande pompe au-devant du cadavre, et le conduisirent ainsi à l'abbaye où il devait être enseveli. En route, il fut abandonné par les clercs et le peuple qui coururent à un violent incendie qui ravageait la ville. Lors de ses funérailles, au moment où Gislebert terminait son oraison funèbre, Ascelin, fils d'Arthur, citoyen de Caen, s'écria que le sol où le peuple était assemblé, était l'emplacement de la maison de son père, et que Guillaume, alors duc de Normandie, en avait expulsé sa famille pour élever l'église : « Je réclame ce terrain comme ma propriété, dit-il, et au nom de Dieu, je m'oppose à ce que cette terre qui m'appartient reçoive le corps de celui qui a commis une si horrible injustice envers mon père. » Le peuple prit son parti, et affirma la vérité de ses paroles : le clergé lui donna 60 sous pour la place de la fosse de Guillaume, et lui abandonna un autre terrain au lieu de sa propriété. Tout n'était pas encore fini : le corps devait encore éprouver d'autres vicissitudes avant de reposer dans la tombe ; heureux si c'en eût été le terme ! Lorsqu'on descendit dans la tombe, construite en maçonnerie, le corps enveloppé du manteau royal, comme la fosse était trop courte, il se rompit, creva et répandit dans l'église une odeur infecte. Le peuple saisi de dégoût s'enfuit et le clergé se hâta de terminer la cérémonie.

Guillaume laissait trois fils, Robert-Courte-Heuse, auquel il avait donné la Normandie, Guillaume-le-Roux, l'Angleterre, et Henri qu'il laissa sans domaine, mais qu'il dota d'une partie de son trésor. Robert fit creuser à Caen le canal qui porte son nom, et terminer les fortifications commencées par son père ; mais bientôt le prince dissipateur céda le Cotentin à son frère Henri, pour 3,000 livres. Puis, en 1096, voulant partir pour la Croisade, il engagea le reste pour cinq ans à Guillaume-le-Roux, pour la somme de 10,000 marcs. Quatre ans après, ce dernier fut tué à la chasse, et Henri lui succéda au détriment de son frère qui était revenu de la Palestine. En 1105, à la suite de nombreux démêlés, Henri Ier. vint débarquer, au printemps, à Barfleur. Le jour de Pâques, Serlon, évêque de Séez, officia à Carentan devant le roi, et dans son sermon traça un portrait de Robert qui montre toute la faiblesse de ce prince. Souvent, manquant de pain, il jeûnait jusqu'à la neuvième heure du jour ; il n'osait sortir de son lit à cause de sa nudité, privé qu'il était de chaussures et des vêtements les plus indispensables ; car plus d'une fois, pendant qu'il cédait au sommeil de l'ivresse, les histrions et les courtisanes lui enlevèrent ses habits.

Robert effrayé, tenta de faire quelques préparatifs, et d'abord, pour relever les fortifications, il taxa arbitrairement les principaux citoyens de Caen, l'un à 100 livres, l'autre à 60, un autre à 40. Ces impositions exigées militairement mécontentèrent le peuple, et plusieurs cachèrent leur argent. Quand on annonça au duc que les impositions ne rentraient pas, il se contenta de dire : « Laissons aller les choses. » Cependant la ville de Bayeux était prise et Henri s'avançait sur Caen, en ravageant le pays. Les habitants effrayés, envoyèrent demander à Robert, pour défendre leur ville, un vaillant chevalier, nommé Thierry, que ce prince se hâta de leur accorder. Henri, informé du retour des députés, les fit surprendre sur la route de Rouen, et ne leur accorda la liberté qu'à condition qu'ils lui livreraient la ville ; ce qui fut exécuté, après qu'on eut chassé le châtelain du duc Robert, Enguerrand, fils d'Ilbert. Peu après, Robert fut pris et condamné par une cour plénière, à la détention en Angleterre.

Depuis cette époque, Caen fut l'objet de la sollicitude des rois d'Angleterre ; car en 1160, Henri II y fit construire la Maladrerie de

Beaulieu : puis une dixaine d'années après, il y célébra la fête de Noël, et y conclut avec la France une armistice qui devait durer jusqu'à Pâques 1174. En 1175 ce même prince revint à Caen où siégeait l'échiquier. Cette cour était une chambre des comptes et des domaines royaux, une trésorerie et une chambre de justice civile et criminelle, qui révisait les jugements des baillis et autres juges inférieurs, et recevait les plaintes et les transactions portées devant elle. Le sénéchal, le connétable, les grands justiciers, les simples juges et les barons qui y étaient appelés composaient ce tribunal. Pâques et St.-Michel étant les termes de paiement de ce qui était dû au trésor, l'échiquier siégeait principalement à ces époques.

Quelques années après, ses fils s'étant révoltés, Henri II convoqua à Caen les archevêques de Tours, de Cantorbéry et les évêques de Normandie et de Bretagne, pour la fête de l'Ascension 1183. Ce concile, assemblé dans l'église St.-Etienne, porta la peine de l'excommunication contre quiconque s'opposerait à la concorde entre le roi et ses fils. La mort de Henri, l'un d'eux, mit un terme à ces troubles.

Henri II eut pour successeur Richard-Cœur-de-Lion, prince aventureux qui parut peu en Normandie. Son successeur, Jean-Sans-Terre, prince méprisable et méprisé, toujours tourmenté par le besoin d'argent, s'en procura de toutes les manières. Les routiers de son armée commandés par Lupescaire, maltraitaient les gens de l'abbaye de Ste.-Trinité à Caen. L'abbesse fut obligée de donner quarante marcs, pour obtenir que le roi ordonnât à son sénéchal en Normandie de faire cesser ces désordres. Par un acte du 17 juin 1203, ce prince affranchit la commune de Caen, et lui concéda le droit d'avoir une tour, un beffroi, une cloche, un sceau et un hôtel municipal. Il est probable que de fortes sommes furent exigées pour ces concessions. Cependant Philippe-Auguste, roi de France, lui enlevait la Normandie, et Jean le laissait faire, disant qu'il regagnerait en un jour tout le terrain perdu, et continuait à se livrer aux plaisirs de la table et du jeu. La ville de Caen, où il venait de faire un long séjour, se rendit sans résistance. A cette époque, suivant un poète du temps, Caen par sa richesse, son commerce maritime, le nombre de ses églises, de ses maisons et de ses habitants, pouvait presque se dire l'égale de Paris.

Les rois de France ne favorisèrent pas moins cette ville que ceux d'Angleterre ; car, dès l'an 1269, Saint-Louis y resta trois jours logé au château. Caen, par suite de son importance, se ressentit toujours de toutes les secousses qui agitèrent l'Etat. Le 28 octobre 1307, par ordre de Philippe-le-Bel, les Templiers du grand bailliage de Caen furent arrêtés au nombre de treize et interrogés dans une salle du châtelet de cette ville, mais n'y furent pas exécutés.

La guerre étant recommencée entre Edouard III, roi d'Angleterre, et Philippe de Valois ; les habitants de Caen fournirent au roi quarante vaisseaux qui étaient à la bataille de l'Ecluse, où la France fut battue en 1340. Bientôt, à la sollicitation d'un traître, Geoffroy d'Harcourt, baron de St.-Sauveur-le-Vicomte, Edouard débarque le 12 juillet 1346 à la Hougue, ravage et brûle Valognes, St.-Lo, Carentan, Bayeux, et marche sur Caen. Le château était défendu par messire Robert de Blargny, et la ville, par Raoul de Nesle, comte d'Eu, connétable de France, et par Jean II, de Melun, comte de Tancarville. L'ennemi étant venu camper à Oistreham, on résolut de lui abandonner les faubourgs; mais les habitants dirent *qu'ils se trairoyent sur les champs; car ils étoyent forts assez pour combattre le roy d'Angleterre. Quand le connétable vit la grande volonté d'eux, il respondit : Ce soit au nom de Dieu, vous ne combattrez pas sans moy. Lors se mirent au-dehors de la ville en bonne ordonnance, et si firent semblant d'eux bien combattre et deffendre, et de mettre leurs vies en adventure.* Cependant, à la première vue des Anglais, ils prirent la fuite, et les ennemis pénétrèrent dans la ville avec eux, malgré les efforts des deux chefs qui se défendirent long-temps sur la porte du pont voisin de l'église St.-Pierre, et finirent par se rendre à un chevalier anglais appelé Thomas Holland. Edouard voulut d'abord brûler la ville, mais il se contenta de la livrer au pillage pendant trois jours; il envoya en Angleterre de grandes richesses, plus de quarante chevaliers et trois cents riches bourgeois; puis il quitta la ville, pillant et brûlant tout devant lui. Il avait trouvé à Caen le projet de descente en Angleterre présenté à Philippe dès l'an 1338 par les Normands. La ville eut beaucoup de peine à se relever de ce désastre, et en 1364, Charles V lui accorda mainlevée de ses priviléges, parce que son matrologe et ses chartres avaient été perdus. Trois ans auparavant, Caen envoya deux bourgeois comme otages en Angleterre pour la rançon du roi Jean, fait prisonnier à la bataille de Poitiers.

En 1363, un page faisant ferrer le cheval de son seigneur, reçut du maréchal un coup sur le doigt; pour le punir de sa maladresse, le jeune homme saisit une pierre et en frappa le maréchal. Aussitôt la ville tout entière se souleva, et dans la sédition 17 gentilshommes furent tués et 35 chevaliers furent blessés à mort.

Tout le monde connaît la rigueur des supplices à cette époque. Pour en donner une preuve, il suffit de dire qu'en 1380 on trouve que les frais de justice pour une femme *enfouie toute vive* sous le gibet de Caen, se montèrent à 30 sous tournois.

Cependant la Normandie était désolée par les ravages des bandes échappées à la bataille d'Azincourt. Henri V, roi d'Angleterre, profitant de ces malheureuses circonstances, débarque le 1er. août 1417 à l'embouchure de la Touques, avec 1,500 voiles. Dix-sept jours après, il assiégeait Caen qui fut pris après deux assauts. Il fut fait un grand carnage dans la ville, surtout vers la place St.-Sauveur, alors le vieux marché, au coin de la rue Formage, où le peuple avait tenté de résister. Le château, défendu par les seigneurs de Lafayette et de Mortain, tint encore six semaines et se rendit à composition. Les Anglais en restèrent possesseurs jusqu'en 1450. En 1418, le roi d'Angleterre réunit toutes les carrières de Caen à ses domaines; puis, en 1431, il fonda l'Université de Caen. Mais les populations supportaient impatiemment le joug anglais; aussi, la même année, un chevalier normand, messire Ambroise de Lorré, à la tête de 700 chevaux, vint enlever tous les marchands anglais qui tenaient la foire de St.-Michel au Bourg-l'Abbé, hors la ville, et fit 3,000 prisonniers : il fit rendre la liberté aux gens d'église, aux vieillards, aux femmes, aux enfants et aux pauvres laboureurs. Trois ans après, la noblesse et les communes, au nombre de 50,000 hommes, vinrent assiéger Caen, mais ne purent y réussir, parce qu'ils manquèrent de vivres et furent chassés par l'hiver.

Toutefois, le jour de la vengeance approchait. Les Anglais, battus de toutes parts par Charles VII, furent vaincus à Formigny le 18 avril 1450 par le connétable de Richemont. Le 5 juin suivant, ce général, à la tête de 1,200 lances et de 4,500 archers à pied, vint assiéger Caen, défendu par le duc de Sommerset à la tête de 3,000 hommes, et le roi vint loger à l'abbaye d'Ardennes. Les Anglais craignant un assaut capitulèrent : il fut convenu que le duc rendrait la ville s'il n'était pas secouru le premier juillet, et que tous les Anglais seraient libres. La ville ayant été rendue, Charles VII y entra au milieu des fêtes et y demeura huit jours, puis alla assiéger Falaise.

En 1458, on commença près Caen les travaux d'un canal qui devait aller à Argentan; mais ce projet n'eut pas de suite. Douze ans après, furent tenus à Caen les états-généraux da la Normandie; ce fut alors que Louis XI accorda la noblesse aux Normands roturiers pour 47,200 liv.

A cette époque, les gens de loi avaient l'habitude de se réunir sous le nom de *Cour Souveraine*, et, le jour de St.-Yves, ils avaient entre eux un repas que le président était chargé de composer le plus économiquement possible. Pour cela, les abbayes du ressort étaient taxées à diverses fournitures, sous peine d'*encourir l'indignation de la Cour*. Le 15 mai 1475, l'abbaye de Fontenay fournit 12 lièvres, deux douzaines de lapins, quatre douzaines de chapons gras, six douzaines de pouchains et neuf douzaines de pigeons de *trye*. Après avoir noté cet usage si extraordinaire, il est bon de faire connaître un fait qui caractérise cette époque où les juridictions diverses se croisaient et se contrecarraient en toute occasion. En 1480, une *beste porchine*, qui dévora un enfant au berceau dans la paroisse St.-Gilles, fut saisie par les officiers de la dame abbesse de Ste.-Trinité, et sa condamnation fut poursuivie devant le sénéchal de l'abbaye; mais ce singulier procès souleva de vives discussions sur la juridiction de l'abbesse: celle-ci cependant prouva que déjà elle avait fait *ardre* une fille qui avait tué un homme dans la même maison, ce qui mit fin à la contestation.

Vers la même époque subsistait encore la fête des Fous, dans laquelle les plus grandes impiétés se *célébraient* au sein des églises. A Caen, cette fête avait lieu dans l'Eglise de Sainte-Trinité, le 28 décembre de chaque année ; dans ce jour, les jeunes religieuses chantaient les leçons avec accompagnement de farces. Cette fête, après de nombreuses tentatives infructueuses, fut supprimée en 1482.

Au commencement du siècle suivant, en 1518, Caen fut en butte à un fléau qui, depuis, l'accabla plus d'une fois ; ce fut la peste, qui fit de grands ravages dans la ville.

Cependant François Ier. avait été fait prisonnier à la bataille de Pavie. Pour obtenir sa liberté, il avait donné en ôtage les enfants de France, et avait stipulé pour leur rançon l'abandon de la Bourgogne et de la Flandre ; mais il dut consulter sa noblesse. Celle de la Basse-Normandie, assemblée à Caen, s'opposa à l'aliénation des provinces, mais consentit à donner la dîme de ses biens. François Ier., pour récompenser cette province de son dévouement, vint à Caen en 1532, et y fut reçu au milieu des réjouissances les plus brillantes. L'année précédente, ce prince avait autorisé le redressement de l'Orne ; le nouveau canal abrégea le trajet à la mer d'une lieue.

Au XVIe. siècle, sous l'administration du sire de Bras, qui a écrit l'histoire de Caen, fut prise contre la mendicité une mesure dont, malgré notre civilisation, ou peut-être à cause de notre civilisation, nous ne pouvons obtenir le renouvellement. Il fut ordonné que des quêtes seraient faites dans les églises et dans les maisons ; que des troncs seraient placés en divers endroits ; que le produit des aumônes serait remis aux trésoriers des paroisses pour être distribué par eux aux pauvres qui seraient connus pour ne pouvoir gagner leur vie. Il fut défendu de mendier, sous peines corporelles ; les pauvres, étrangers à la ville, devaient en sortir sous trois jours ; les pauvres en voyage avaient droit aux deniers publics et entrée à l'hôpital. Ceux qui seraient découverts feignant d'être pauvres, seraient punis du fouet. C'était en 1541.

Au mois de juin 1547, une violente épidémie, telle qu'on n'en avait vu de mémoire d'homme, dépeupla la ville jusqu'au mois de novembre. On ne saurait être surpris des pestes nombreuses qui ravageaient les villes au moyen-âge, quand on songe aux rues étroites, aux maisons mal aérés, à fenêtres exigues, et mesurant avec parcimonie l'air nécessaire aux habitants. Aussi, la seule ressource était la fuite dans les champs. Deux ans après, les états de Normandie furent tenus à Caen par ordre de Henri II.

En 1550, il y avait à Caen une telle quantité de monnaie rognée et de billon, que les laboureurs, les bouchers, les boulangers et autres marchands refusaient cette monnaie, et voulaient être payés en or ou en monnaie de poids, parce que les collecteurs rejetaient la monnaie rognée et le billon. Sur la demande des magistrats de la ville, l'hôtel des monnaies de St.-Lo fut transporté à Caen. Il paraît que Caen et ses environs ont été de tous temps le réceptacle de toute la mauvaise monnaie de la France. Deux ans après fut établi le siège présidial de Caen.

Depuis quelques années le calvinisme, né en 1533, se prêchait avec succès dans plusieurs parties de la France ; mais il avait pénétré avec peine dans notre pays, lorsqu'une circonstance inattendue vint favoriser les efforts de ses prédicateurs.

En 1558, les impôts étaient si élevés, que les curés et les vicaires se sauvaient pour échapper à la contrainte : déjà, dans plusieurs villages voisins de Caen, on ne célébrait plus l'office. Alors on vit prêcher dans ce pays les nommés Labarre, Cousin, Vincent Lebas et Pierre Pinchon : ces trois derniers étaient régents de Caen. Leurs prédications eurent tant de succès, que seize religieuses s'évadèrent de l'Abbaye-aux-Dames, et que quatre d'entre elles s'enfuirent à Genève.

Cependant les troubles augmentaient ; déjà avait eu lieu le massacre d'Amboise ; et, néanmoins, on se portait en foule aux prêches, surtout à Caen, où ils se tenaient dans la halle ou Tripot, rue Saint-Pierre, et dans un grenier, rue Guilbert. Le nombre des calvinistes croissait si rapidement, qu'en 1562 ils se crurent assez forts pour mettre le siège devant le château tenu par le baron de Huqueville, lieutenant du roi ; le duc de Bouillon fut forcé de venir de Rouen pour le délivrer. La même année, les calvinistes ayant appris les ravages exécutés à Rouen par leurs coréligionnaires, à leur exemple, pillèrent et saccagèrent, pendant deux jours, les églises de la ville, brisèrent le vitres, les orgues, les chaises, et brûlèrent les ornements et les livres. Ils détruisirent les tombeaux de Guillaume-le-Conquérant, à Saint-Etienne, et de Mathilde, son épouse, à l'Abbaye-aux-Dames. Puis ils allèrent en la chambre du conseil demander le salaire de leurs œuvres : ce qu'on n'osa pas leur refuser.

Le duc de Bouillon revint alors de Rouen pour rétablir l'ordre, et fit apporter au château tous les reliquaires et autres objets précieux, sous prétexte de les mettre en sûreté; puis il les fondit et en fit de la monnaie pour solder ses troupes. Ensuite, craignant d'être attaqué dans le château, il fit abattre la belle église du Sépulcre qui en était voisine. En outre, il fit venir, pour garder le château, 600 Manceaux et 50 chevaux-légers de la religion réformée. Ils avaient avec eux un ministre nommé Merlin, qui, ayant gagné un sergent nommé Pinard, tenta de livrer le château aux calvinistes. Ce projet ayant échoué, Pinard fut décapité. La conduite du duc de Bouillon mit tous les catholiques en défiance contre lui, d'autant plus qu'une foule de crimes se commettaient impunément dans la ville et dans les alentours.

Bientôt après, la même année, Caen tomba au pouvoir des calvinistes échappés à la bataille de Dreux, sous les ordres de l'amiral de Coligny. Le siége fut mis devant le château, et dura quinze jours seulement. Pendant ce temps, la tour de l'église Saint-Pierre, où s'étaient embusqués les assiégeants, failli être ruinée par l'artillerie du château. Peu après, fut publié l'édit de pacification, qui interdisait aux protestants l'exercice de leur religion dans les villes : Coligny, sortant de la ville, laissa l'ordre de démolir l'Abbaye de Saint-Etienne ; ses ordres furent en partie exécutés. L'année suivante, Charles IX vint visiter Caen, sans doute pour consoler, par sa présence, la ville des pertes que lui avaient causées les troubles suscités par son imprudente politique.

Bientôt arriva le jour de la Saint-Barthélemy, 24 août 1572, qui couvrit la France entière de massacres affreux. Les historiens ne nous font pas connaître comment furent exécutés, à Caen, les ordres de Charles IX, ce prince, égaré par les conseils perfides de sa mère; ce prince, qui mourut à 23 ans, au milieu des remords, versant des torrents de larmes, secouru et consolé seulement par sa nourrice qui était huguenote.

En 1578, un des premiers citoyens de la ville, un homme, que le commerce avait élevé au haut rang qu'il occupait, Etienne Duval, fut enlevé par la mort. Il laissa un mobilier de 50,000 écus d'or, et un revenu de 25,000 livres en fonds de terre. Il s'était enrichi par ses expéditions maritimes. Henri II l'avait ennobli en 1549, pour la célérité avec laquelle il avait approvisionné Metz, menacée par l'Empereur : en outre, il l'avait nommé receveur-général des états de Normandie. En 1557, ce riche commerçant avait rétabli, à ses frais, le Palinod interrompu depuis sept ans.

Ce siècle vit éclater, à Caen, une seconde peste, en 1584; elle enleva 10,000 personnes en peu de temps, et cependant on ne voit pas que des mesures aient été prises pour l'arrêter. Le même siècle vit reprendre deux fois une entreprise qui n'a pas encore pu avoir un commencement d'exécution, la canalisation de l'Orne. En 1580, François d'O, gouverneur de Caen, fit faire, par Louis de Foix, célèbre ingénieur, les études d'un nouveau port pour cette ville. Puis, en 1593, Henri IV fit vérifier, par Josué Gondouin, la possibilité de canaliser à peu de frais l'Orne de Caen à Argentan; mais tous ces travaux n'aboutirent à rien.

A cette époque, en 1592, les annales de Caen présentent un fait assez curieux à noter. Les Francs-Brémens et descendeurs de vin et autres marchandises venant par eau à Caen, présentèrent au bailli un homme pour occuper un de ces emplois. Le bailli l'admit à prêter serment, après l'avoir reconnu *idoine* et capable dudit office.

Une troisième peste vint encore assaillir Caen en 1598, ou plutôt la première avait laissé dans la ville des germes qui, par intervalles, se développaient avec plus d'intensité. Aussi, en 1605, comme dans beaucoup de quartiers il y avait encore un grand nombre de pestiférés, la faculté de médecine choisit un sujet zélé parmi les chirurgiens-barbiers, pour saigner les malades, lui promettant, si c'était un élève, sa réception gratuite, et une pension de 25 écus. Ce fut Jacques Guibert qui fut choisi : plus tard, il devint célèbre médecin.

Henri IV, qui avait proscrit les jésuites, cédant à leurs intrigues, les rappela en 1603. Mais, dans l'édit de rappel, Caen eut le bonheur de ne pas se trouver au nombre des villes désignées pour la résidence de ces pères. Alors ceux-ci, en 1604, envoyèrent au roi un des leurs, pour lui demander, *au nom de la ville*, l'établissement de leur ordre à Caen. Les officiers municipaux de la ville, instruits de cette impudence, déjouèrent la fraude. Cependant, en 1607, le roi leur accorda leur demande, et écrivit à la ville de leur procurer un établissement. Le 9 février 1608, les habitants furent convoqués pour délibérer à ce sujet; mais la veille, les partisans des jésuites s'assemblèrent clandestinement. Cependant ceux-ci, pour le moment, n'osèrent aller plus avant. Peu de mois après, nouvelle lettre du roi et plus pressante; nouvelle assemblée; mais cette fois publique et nombreuse : le renvoi des jésuites fut décidé. Du procès-verbal de cette assemblée, il résulte qu'il y avait un tiers de protestants dans la population. Malgré une opposition si prononcée, le roi, par lettres patentes du 6 décembre 1608, leur donna le collége du Mont, où sont aujourd'hui les bureaux de la préfecture. L'année suivante, le bailliage de Caen fut forcé de le leur adjuger, et, deux jours après, ils en prirent possession.

Le successeur d'Henri IV, Louis XIII, nomma, en 1613, Concini, maréchal d'Ancre, gouverneur de Caen. Il fut assassiné en 1617, au momeut où il s'occupait de faire commencer les travaux d'un canal de Caen à Argentan. Sa mort priva les habitants de ces villes d'un travail après lequel ils ont soupiré et soupireront long-temps.

Depuis plusieurs années la Normandie était tranquille ; à Caen , surtout , les catholiques et les protestants s'étaient unis pendant la Ligue , et avaient ainsi maintenu le bon ordre. Tout-à-coup une taxe , mise aux mois d'août et de septembre 1639, sur les cuirs , excita , dans toute la Basse-Normandie , de violents soulèvements. A Avranches, Coutances, Valognes, Saint-Lo , Bayeux et Caen , les troubles commencèrent par les savetiers et les cordonniers , qui furent soutenus par le peuple. Dans cette dernière ville , on pilla d'abord la demeure du principal commis de la taxe , qui logeait rue de l'Odon, dans l'hôtel Mondaye , appartenant à l'abbaye de ce nom. Tout fut détruit et ravagé , et une prompte fuite put à peine soustraire le commis à la mort. Les désordres ne cessèrent que lorsqu'on apprit la marche du maréchal Gassion qui entra dans Caen le 23 novembre , à la tête de 6,000 hommes. Après s'être assuré des principales écoles et des principaux quartiers , il partit pour soumettre les autres villes. La procédure fut instruite par les soins du chancelier Séguier qui était venu à Bayeux. Le 4 septembre 1644, les principaux coupables furent condamnés à être rompus vifs , à avoir leurs maisons détruites et des croix dressées à la place , pour perpétuer le souvenir de leur crime, avec défense de rebâtir ces maisons : neuf furent condamnés à être pendus, les autres aux galères ou au bannissement perpétuel de la province. En outre, les officiers municipaux furent destitués, et Caen condamné à rebâtir la maison de l'Abbaye de Mondaye. Par la suite, la rigueur de ces jugements fut adoucie.

A peu près à la même époque eut lieu la fondation, à Caen, de la Congrégation des Eudistes, par Eudes, proche parent de l'historien Mézerai. Quelques années après, en 1673, le père Eudes se vit citer devant le lieutenant-général et l'avocat du roi au bailliage de Caen, pour avoir fait offrir au pape d'engager tous les membres de sa congrégation par un vœu indispensable, à soutenir toutes les opinions, *même incertaines*, qui tendraient à l'agrandissement de l'autorité du Saint-Siége. Le P. Eudes désavoua cette proposition, et l'affaire n'eut pas de suites.

Louis XIV, comme presque tous ses prédécesseurs, s'occupa du lit de l'Orne ; il le fit redresser en 1679, depuis le moulin de Clopée jusqu'aux carrières de Ranville, sur une étendue de 1140 toises.

Les guerres de religion semblaient pour jamais terminées, lorsque la conduite impolitique de Louis XIV faillit les renouveler. Depuis quelque temps ce prince restreignait petit à petit les libertés concédées aux religionnaires par l'édit de Nantes. En 1680, il ordonna de recevoir au nombre des convertis les enfants au-dessous de sept ans ; ce qui éloigna de la France un grand nombre de protestants. Puis vinrent les Dragonnades et la révocation de l'édit de Nantes, en 1685. Cette mesure qui forçait les protestants à fuir une patrie où ils ne pouvaient plus exercer paisiblement les pratiques de leur religion, fut fatale à l'industrie de notre ville dans laquelle les protestants étaient en si grand nombre et étaient presque tous commerçants. C'est probablement cet acte de despotisme et de haute intolérance, dont la statue de bronze élevée à Louis XIV sur la place Royale, est destinée à perpétuer le souvenir. A la suite de la révocation de l'édit, on démolit le temple que les protestants s'étaient élevé dans le Bourg-l'Abbé, et de ses débris fut construite la chapelle de l'Hôpital Saint-Louis. Trois ans après, l'intendant de Caen adressa à tous les curés de la généralité une circulaire qui mérite notre attention. Il leur demandait les noms de tous ceux qui faisaient profession de la religion protestante lors de la révocation de l'édit, s'ils avaient abjuré, s'ils faisaient leurs devoirs à Pâques, s'ils tenaient des assemblées, s'ils allaient par les maisons ou prêtaient les leurs, s'ils paraissaient sincèrement convertis, etc. Telle était la mesure de liberté réservée alors aux protestants par le *Grand Roi*.

Le XVIIIe. siècle était commencé, et pendant la première partie de ce siècle, l'histoire de Caen offrit peu de faits remarquables ; nous ne nous arrêterons qu'aux plus importants. En 1725, cette ville devint le théâtre de nouveaux désordres causés par la cherté du pain ; mais ce soulèvement fut peu sérieux. Peu après, en 1732, les négociants de Caen, effrayés des atterrissements qui gênaient la navigation de la rivière, demandèrent à l'intendant d'y apporter remède ; mais leur démarche fut vaine.

En 1757, la chambre des monnaies de Caen fut supprimée.

En 1786, Louis XVI se rendant à Cherbourg, s'arrêta à Caen ; son premier acte fut d'accorder la grâce de quelques déserteurs du régiment en garnison à Caen. A son retour de Cherbourg, le roi posa une pierre des casernes de Vaucelles. L'année suivante, une assemblée provinciale fut tenue à Caen, sous la présidence du duc de Coigny.

Cependant les événements marchaient et la révolution avait éclaté. Nous ne suivrons pas attentivement l'histoire de Caen pendant cette période ; seulement nous citerons quelques faits plus saillants que les autres.

Dans l'année 1791 ; le régiment du roi, commandé par M. de Belzunce, était en garnison à Caen. Depuis quelques jours, le bruit courait que les soldats étaient occupés à fabriquer des cartouches pour faire rentrer la ville dans *l'ordre*. Des coups de fusils tirés, à ce qu'il paraît, sur une patrouille bourgeoise amenèrent la collision. On se porta en foule contre le régiment qui livra son major ; M. de Belzunce fut emprisonné au château. Le lendemain, comme on le conduisait au comité de salut public, arrivé sur la place Saint-Pierre, il fit un mouvement pour s'échapper, à ce que l'on croit ; un de ceux qui le gardaient pensant qu'il voulait le désarmer, le renversa d'un coup de crosse, et à l'instant, il fut percé de plusieurs balles. On lui coupa la tête et les membres, et ils furent portés *en triomphe* par la ville.

Le 6 août 1792, la convention nationale ordonna la démolition du château de Caen, parce que deux de ses membres, venus en mission dans le pays, y avaient été renfermés. Le donjon seul fut détruit.

La même année, M. Bayeux, procureur général syndic, accusé de correspondance secrète avec les ministres Montmorin et Lessart, fut arrêté et enfermé au château. L'accusation ayant été reconnue fausse, le gouvernement le fit relâcher. Le procureur général, à sa demande, fut conduit sur la place St.-Sauveur, où était réunie la garde nationale. Là il se justifia pleinement; mais la malveillance ayant fait courir le bruit que, si on tentait de faire disparaître M. Bayeux, on tirerait sur les fonctionnaires qui l'entouraient, ceux-ci effrayés, se réfugièrent derrière la garde nationale. L'infortuné Bayeux ayant voulu les suivre, et n'ayant pu atteindre les maisons, fut renversé de deux coups de fusil.

Ces crimes affreux qui désolèrent toute la France, n'étaient pas l'œuvre de la population éclairée, mais de ces brigands que l'on vit toujours paraître au moment des massacres, et qui dans notre ville étaient connus sous le nom de *Carabakuds*. Caen et quelques autres villes, bien que brûlant de l'amour de la liberté, furent effrayées de la route que les terroristes voulaient suivre; et du jour où les proscriptions furent organisées légalement, elles commencèrent une résistance noble, mais malheureuse. Le 20 avril 1793, le conseil-général de la commune de Caen, vota une adresse énergique à la convention nationale, dont nous allons extraire quelques lignes :

« Représentants,

» Justement consternés des atrocités que des brigands ne cessent de commettre contre des mandataires qui ont toute notre confiance, nous deviendrions criminels envers la patrie, si, dans une occasion aussi alarmante, nous étions indifférents aux trahisons des scélérats, que des trames ourdies par le crime ont admis au rang distingué de représentants du peuple.

. . . .

» Comment ne pas reculer d'horreur à l'aspect de l'abîme profond, où les Marat, les Robespierre, les Danton et tant d'autres membres voulaient engloutir la liberté ! Qu'ils tremblent ces reptiles vénimeux et sanguinaires ! Qu'ils sachent que vingt-quatre millions d'hommes n'ont pas vainement fait le serment d'être libres ! Qu'ils apprennent enfin qu'une grande nation, fatiguée de leurs iniquités, outragée par leurs forfaits, se prépare à tirer une vengeance éclatante d'attentats aussi répétés que sacrilèges »

Le 31 mai suivant, Henriot, à la tête du peuple armé, marcha sur les Tuileries où l'assemblée tenait ses séances et fit décréter d'arrestation vingt Girondins. Quelques-uns qui parvinrent à se soustraire au décret, vinrent chercher un refuge à Evreux puis à Caen, où l'insurrection girondine s'organisa sous les ordres de Wimpfen, alors général des côtes de la Manche.

Cependant, il y avait à Caen, une jeune fille née auprès de Séez, à St-Saturnin-des-Lignerets, nommée Charlotte-Corday d'Armans. Cette jeune fille, nourrie des principes républicains, rêvait un gouvernement populaire, mais sage et modéré, et non la sanglante dictature qui pesait sur la France. Elle vit à Caen, les Girondins réfugiés, et la sympathie qu'elle ressentit pour leur cause achevant de l'exalter, elle résolut de tuer Marat. Le 8 juillet elle partit pour Paris, et le 13, s'étant introduite chez Marat, elle le perça d'un coup de couteau, pendant qu'il était au bain. Loin de chercher à fuir; elle se laissa prendre et peu après elle subit le dernier supplice avec le plus grand courage. Le sort des insurgés ne fut pas plus heureux : ils furent battus a Vernon.

En 1800, la 43e. demi-brigade était en garnison à Caen. Un officier, s'étant, à ce qu'il paraît, conduit peu loyalement dans une difficulté qu'il avait avec un citoyen, le peuple entier se souleva. Le régiment sortit de la ville poursuivi avec de la boue et à coups de pierre. Il y rentra peu après, mais n'y resta pas.

En 1810, un émigré, nommé Dascher, se trouvait dans le Calvados. La police le soupçonnait de chercher à nouer des intrigues dans le pays, et dès-lors attacha le plus grand prix à son arrestation. Cherchant à sortir de France, il se retirait à Caen, chez une dame de Vaubadon, qui avait dépensé sa fortune dans de folles dissipations. On fit offrir à cette dame une forte somme pour payer ses dettes, plus une pension sa vie durante, si elle consentait à livrer Dascher. Après quelqu'hésitation, le marché fut conclu. Mais ne voulant pas qu'il fût pris chez elle, Mme. de Vaubadon l'engagea à aller s'embarquer à Luc. Elle le fit conduire dans les bois de Mathieu, où les limiers de la police l'attendaient, et il fut horriblement massacré. Le chef de cette expédition, un nommé Foison, fut décoré de la légion d'honneur. Peu après, Mme. de Vaubadon se présenta au théâtre, vêtue d'une robe rouge. Le public irrité se mit à crier : à bas la robe rouge ! Et la police fut obligée de la prendre sous sa protection pour la sauver. Depuis ce jour, elle est devenue folle. En 1811, l'Empereur visita Caen avec l'impératrice et fut reçu avec le plus grand enthousiasme. Mais la popularité fut perdue bientôt par le fait suivant.

En 1812, le peuple prétextant la cherté du pain, se porta au moulin de Montaigu, au haut du Cours, et commit les plus grands excès. Il alla jusqu'à jeter le blé à la rivière ; à la halle, le maire faillit être assommé. A cette nouvelle, un régiment de cavalerie fut dirigé sur Caen, et entra en ville le mousquet à la main.

Les principaux coupables furent arrêtés et jugés militairement. Six hommes et une femme furent fusillés derrière le château. Napoléon était alors en Russie : lorsqu'il apprit cette horrible exécution, il fut extrêmement mécontent. Mais le peuple de notre ville était exaspéré contre lui.

Aussi en 1816, le retour des Bourbons fut-il accueilli à Caen avec acclamation. Dans les premiers transports, des excès blâmables furent commis par quelques personnes. Un buste de l'Empereur par Canova était à l'Hôtel-de-Ville ; après lui avoir attaché une corde au cou, on le traîna le long des dégrés jusque sur la Place-Royale où il fut brisé. On lacéra un portrait en pied de Napoléon, peint par Robert Lefèvre.

Cependant la restauration cherchait à comprimer la liberté : Caen ne fut pas la dernière ville à résister. En juillet 1830, la population entière se leva. Lorsque dernièrement Louis-Philippe a visité notre ville, il a été reçu avec effusion et transports.

§. II.

DESCRIPTION

DES

MONUMENTS DE CAEN.

Afin de suivre un ordre commode pour les étrangers, nous adopterons celui que la nature nous indique, c'est-à-dire que nous supposerons le lecteur entrer dans Caen par la route de Paris, et que nous l'accompagnerons jusqu'à sa sortie par la route de Cherbourg.

FAUBOURG DE VAUCELLES.

Ce faubourg, autrefois tout-à-fait séparé de la ville par les fortifications, en est aujourd'hui une des parties les plus commerçantes. Dans la rue de Vaucelles se trouvent plusieurs établissements de roulage, quelques marchands de chevaux, et deux des plus fortes maisons de commerce de Caen, MM. Angot fils et Motelay. Ce faubourg est généralement mal construit; mais, au milieu de ces maisons en bois ou en moellon, on remarque celle de M. Motelay que nous venons de citer ; la façade, ornée de deux statues, est de la plus grande élégance.

ÉGLISE SAINTE-PAIX-DES-TOUSSAINTS.

En descendant la rue d'Auge, au bout de la rue latérale, dite du *Marais*, se trouvent dans la prairie les ruines d'une des plus anciennes églises de Caen. Elle fut bâtie en 1061, en mémoire du concile tenu par Guillaume-le-Conquérant, et dont nous avons parlé plus haut. Cette église est aussi connue sous le nom d'église St.-Marc. Les ruines de ce monument sont aujourd'hui transformées en une usine pour la fabrication du gaz, destiné à éclairer la ville.

ÉGLISE DE VAUCELLES.

En continuant à descendre, nous trouvons à gauche la route de Falaise, puis la route d'Harcourt. A l'entrée de cette dernière est une petite église dite de Vaucelles, dont le portail et la tour de construction moderne sont élevés par des marches nombreuses. L'ancienne tour, placée dans le cimetière, les piliers qui la supportent, une partie de la nef, dont les arcades, originairement en plein ceintre, ont été taillées depuis en ogive, appartiennent à une ancienne église dont l'origine est inconnue. Le chœur et les ailes sont du XVIe siècle. A l'extérieur, dans la partie septentrionale, on remarque quelques sculptures assez élégantes. Cette église, vue du Cours-la-Reine, offre, par sa position élevée, un coup d'œil très-pittoresque.

ABATTOIRS.

Depuis longues années, les bouchers tuaient leurs bestiaux au centre de la ville, et y faisaient fondre leurs suifs. La sûreté des habitants, la propreté et la salubrité de la ville, et la surveillance que l'autorité doit exercer sur la qualité de la viande, tout faisait désirer un établissement où les bouchers pussent déposer et abattre leurs bestiaux. Ce désir fut réalisé en 1832, d'après les plans de M. Guy, architecte de la ville. Les abattoirs sont situés en aval du pont de Vaucelles, sur la rive droite de l'Orne. Ils se composent de deux vastes cours pavées : la première contient, à droite et à gauche, les *bouveries*, où l'on renferme les bœufs et les moutons ; ces derniers sont dans des cases séparées. Au-dessus de chaque bouverie sont les greniers à fourrages, divisés en petits compartiments pour chaque boucher. Dans cette cour sont deux belles auges en granit pour abreuver les bestiaux. Au fond est une vaste galerie couverte, contenant, de chaque côté, sept salles, dites *échaudoirs*, dans lesquelles on peut abattre deux bœufs et plusieurs moutons à la fois. Chaque salle est munie d'un tourniquet pour l'abattage et d'un robinet qui fournit l'eau à volonté.

Dans la seconde cour, sont les fonderies de suif. Au fond est le puits et le manége servant à alimenter le réservoir, au moyen duquel l'eau se distribue abondamment dans tout l'établissement. A droite est la *triperie* où se préparent les intestins des porcs, et à gauche, les écuries de ces animaux. En dehors est un endroit pour les brûler. Tout, dans cet établissement modèle, a été prévu pour la sûreté et la commodité des bouchers. Dans l'intérêt du public, un employé est chargé de surveiller la qualité de la viande, et d'empêcher la sortie de celle qui pourrait être malfaisante.

PONT.

Vaucelles est séparé du corps même de la ville par le bras principal de l'Orne, et réuni au moyen d'un beau pont en granit de Cherbourg. Ce pont, qui a 34 mètres de longueur, a été fait sur les plans de M. Pattu, ingénieur en chef des ponts et chaussées pour le Calvados. La première pierre en fut posée en 1825, et le 5 novembre 1827, il fut livré au public. Ce pont, large et commode, a succédé à un ancien pont bâti en 1530, sur lequel les voitures passaient avec peine. On l'appelait Pont-Frileux, parce que, sans doute, il est exposé à tous les vents, et surtout au vent du nord. Le pont de Vaucelles est le seul qui soit digne de mention, aussi ne parlerons-nous pas des autres.

CASERNES.

Caen a trois casernes, non compris le château, la caserne de la Visitation, rue des Capucins, celle de la remonte, place Fontette, et celle de Vaucelles, qui seule doit nous occuper. Cette caserne se compose de deux corps de bâtiment distincts, dont un seul, celui qui regarde le Cours, attire l'attention. Le plan de ce bel édifice a été donné par Guillaume Couture, un des plus célèbres architectes du XVIIe. siècle. Il devait coûter 257,000 livres ; déjà on en avait dépensé 168,230, lorsque, par un arrêt du 14 août 1789, le conseil résilia le marché. Les travaux sont restés interrompus jusqu'en 1833, où, sur la demande de la ville, on résolut d'achever cette caserne qui, enfin, est rendue habitable, et forme un des ornements de Caen. La caserne entière doit contenir les deux bataillons qui sont habituellement en garnison dans cette ville.

PROMENADES.

Caen possède plusieurs belles promenades, dont les principales sont le Cours-la-Reine et le Cours-Cafarelli. Le Cours-la-Reine est ancien, il a été planté en 1692 ; sa position, presque centrale, au bord de l'Orne, et surtout d'une vaste prairie, le fait admirer des étrangers. Le Cours-Cafarelli a été planté en 1809, sous l'administration du préfet dont il porte le nom. C'est la promenade d'été des habitants. L'hiver on fréquente plus volontiers le Cours-la-Reine.

PORT.

Nous avons vu les tentatives qui, à diverses reprises, ont été faites pour la canalisation de l'Orne : elles ont été renouvelées en 1828, sur les plans de M. Pattu, par une société de capitalistes; mais ils n'ont pas pu obtenir l'autorisation. Cependant de grands travaux deviennent de plus en plus urgents; car, tous les étés, les vases s'amassent en telles quantités, que les crues de l'hiver ne peuvent les emporter, et que, si cet état de choses continue, la rivière pourra être classée parmi celles *flottables en train*. Nous avons vu des navires d'un faible tonnage rester trois semaines sans pouvoir flotter, et cela au mois de novembre. Cependant, à ce mal, l'administration n'oppose que le travail d'une douzaine d'hommes, draguant à grande peine quelques pieds cubes de vase liquide, qu'ils vont déposer sur les rives d'où la mer montante la fait retomber dans le canal. A l'appui de ce que nous venons de dire, nous allons faire connaître le mouvement du port depuis 1832 jusqu'en 1835. En 1832, il est entré, à Caen, 778 navires français, qui ont apporté 32,600 tonneaux, et 74 étrangers, chargés de 7,626 tonneaux. En 1833, le mouvement a été de 868 français, chargés de 34.826 tonneaux, et de 73 étrangers avec 7,795 tonneaux. En 1834, de 919 français, chargés de 35,535 tonneaux, et de 100 étrangers, chargés de 9,828 tonneaux. Ici s'arrête l'accroissement de commerce, qui ne fait plus que décroître à mesure que l'état déplorable de la rivière empire. En 1835, le port de Caen n'a reçu que 701 navires français, qui ont apporté 30,018 tonneaux, et 68 étrangers, qui ont versé 8,334 tonneaux. Il y a donc une différence décroissante de 250 navires. Il est surprenant, qu'en présence de l'apathie de ceux à qui est confiée la surveillance des travaux à faire à l'Orne, le commerce et la ville ne prennent pas l'initiative d'une demande de secours adressée directement au roi. En 1664, le commerce de Caen possédait 22 navires, dont 15 de 10 à 30 tonneaux, 2 de 30 à 40, 4 de 40 à 60, 1 de 60 à 80.

HOPITAL SAINT-LOUIS.

Cet hôpital, destiné aux vieillards et aux enfants, est situé dans la rue St.-Louis, adjacente à la rue St.-Jean. Il fut fondé au commencement du XVIIe. siècle : nous avons déjà dit que la chapelle fut construite des débris du temple protestant, démoli lors de la révocation de l'édit de Nantes. L'hôpital St.-Louis contient environ 500 personnes : il y a des ateliers de toute espèce pour les hommes et les femmes. Il serait à désirer, dans l'intérêt de la morale publique, qu'on y établît un tour extérieur pour recevoir les enfants que leurs parents abandonnent à la charité publique. On a remarqué, dans les villes où cet établissement a eu lieu, que les infanticides ont pour ainsi dire disparu.

ÉGLISE SAINT-JEAN.

Dans la rue Saint-Jean, à droite, se trouve l'église Saint-Jean, dont la tour et le portail incliné, rappellent les fameuses tours penchées d'Italie. Cette église a succédé à une plus ancienne sur laquelle on n'a plus de notions. Le portail, la tour et la nef de celle qui existe de nos jours, sont du XIVe. siècle, le chœur du commencement du XVe., et la tour du milieu du XVIe. M. de Bras, historien de Caen, l'a vue construire; mais on l'a laissée imparfaite, parce qu'elle s'affaissait. Lors du siége de Caen par les Anglais, en 1417, cette église souffrit beaucoup des batteries qu'ils avaient établies dans la prairie de Louvigny.

Avant la révolution, le curé de cette église, accompagné de ses principaux paroissiens, allumait le feu de la Saint-Jean devant le portail, la veille de la fête de ce saint. Cette église, du reste peu remarquable, renferme un saint Jean-Baptiste et un saint Jean-Evangéliste de Postel, sculpteur de Caen. Avant la révolution, on y voyait le beau tableau du Baptême de J. C., par Lebrun, qui est maintenant au Musée. Pendant la révolution, cette église a servi de magasin à salpêtre.

BOURSE DE COMMERCE.

Devant l'église St.-Pierre est un édifice portant la dénomination de Bourse de Commerce. Ce bâtiment, construit en 1538 par les Italiens, servait d'hôtel à Nicolas le Vallois, seigneur d'Escoville, de Fontaines, de Mesnil-Guillaume et de Manneville, l'un des plus opulents de la ville à cette époque. On admire les belles sculptures et les superbes statues qui ornent la cour intérieure. Au-dessus de la porte était un bas-relief qui a été détruit à la révolution. Cet hôtel, acheté par la ville en 1733, servit longtemps de *Maison commune*. Aujourd'hui le tribunal de Commerce y tient ses séances, et la société Philharmonique y donne des concerts pendant l'hiver.

PLACE SAINT-PIERRE.

La place Saint-Pierre, près l'église de ce nom, était autrefois le cimetière de la paroisse. Elle sert de marché aux légumes. Il y a quelques années, en la pavant, on découvrit un vaste souterrain que l'on présume rendre au château.

ÉGLISE SAINT-PIERRE.

Le quartier où est située l'église Saint-Pierre s'appela d'abord Darnétal, puis l'église, église de Darnétal et plus tard Saint-Pierre-sous-Caen.

Cette église est une de celles dont la chronique fait remonter la fondation à saint Regnobert, évêque de Bayeux, au VII°. siècle : ce qui paraît peu probable, vu l'exiguité de Caen à cette époque et peut-être même sa non-existance. Il est certain au moins qu'elle existait du temps de Guillaume-le-Conquérant ; mais on ne connaît rien de cette église primitive. Nous avons donc à nous occuper seulement de celle qui existe de nos jours.

Ce monument, qu'un Anglais n'a pas craint de dire la plus jolie église de Normandie, et peut-être d'Angleterre, a été construit en différentes fois. Le chœur et une partie de la nef ont été élevés vers la fin du XIII°. siècle, aux frais de Nicolas Langlois, trésorier de l'église ; le reste de la nef et la tour sont de l'an 1308.

Le portail qui est sous cette tour est de la même époque ; mais il a été restauré en 1608 et entièrement déshonoré de nos jours. Le grand portail existait en 1384 sous le nom de *Portail-Neuf*; c'était là que les condamnés faisaient amende honorable. L'aile droite est de 1410 et la gauche de quelques années après. Les voutes ont été faites en 1521, par Hector Sohier, architecte de Caen : les chapelles de l'abside sont du même.

L'église était autrefois entourée de son cimetière. En 1417, lors de la prise de Caen par les Anglais, il y avait dans le cimetière une anachorète, nommée *Lalette*, enfermée dans une cellule attenant à l'église. Sur le bruit de sa piété et de ses vertus, Henri V, roi d'Angleterre, lui accorda une pension de 40 écus d'or. Cette église fut visitée par Louis XI, lorsqu'il alla visiter la Délivrande. Aussi, autrefois on voyait son portrait dans l'un des vitraux. Michel Tregore, premier recteur de l'Université de Caen, y fut enterré à l'entrée du chœur.

Lorsque l'on entre dans cette église, on ne peut voir d'aucun côté les quatre piliers qui soutiennent la tour. Cette pyramide, haute de 250 pieds, est de la plus grande élégance : intérieurement ce travail si frêle, les pierres si minces, superposées les unes aux autres étonne, et l'on a peine à comprendre comment cette tour a pu résister pendant cinq siècles aux efforts du temps et des hommes. On ne saurait visiter l'église sans remarquer les élégantes sculptures qui ornent le fond du chœur et les chapelles de l'abside. On cite encore dans cette église le chapiteau d'un des derniers piliers du côté gauche de la nef, pour la singularité des sujets qu'il représente.

Il y a quelques années, la poissonnerie se tenait sous des étaux établis à gauche de l'église : leur établissement remonte au temps de Louis XI. Elle a été remplacée par une autre plus convenable.

CHATEAU.

Le château est bâti sur la hauteur qui domine l'église Saint-Pierre : du côté de la ville, il est défendu par un mur d'une grande hauteur, et du côté de la campagne, par des murs et des fossés creusés dans le roc.

Il a été fondé par Guillaume-le-Conquérant : Henri Ier., son fils, en exhausssa les murs et construisit le donjon qui, sous Louis XII et François Ier. fut entouré de murs épais et flanqué de quatre tours. Ce donjon servait à renfermer les prisonniers d'état et les jeunes gens dissipateurs. Il fut démoli en 1793, sur un décret de la convention, parce qu'on y avait renfermé deux de ses commissaires.

Du château relevaient les seigneuries de la vicomté de Caen, qui, pour ce motif, étaient assujéties à des redevances annuelles en flèches, carquois, arcs, glaives, cuirasses et autres armes de guerre. On y voit encore l'ancienne chapelle Saint-Georges, qui remonte à la fondation du château ; elle sert de magasin d'armes. Il y avait jadis un palais des ducs de Normandie, qui n'existe plus. Le bâtiment de l'arsenal, nommé le Besle, est au milieu du château. On y voit un puits d'une grande profondeur.

Le château n'est habité que par deux compagnies d'infanterie, le commandant de place et quelques autres officiers. Il serait bien à désirer pour la ville qu'il fut déclassé : car aujourd'hui, loin d'être utile, il ne fait qu'imposer aux habitants voisins des servitudes pénibles.

Le chateau est dominé par le Moulin-au-Roi d'où l'on a la plus belle vue de Caen que l'on puisse trouver.

POISSONNERIE.

Cet élégant monument a été commencé en 1832, sur les plans de M. Guy. La poissonnerie a de dehors en dehors 96 pieds 7 pouces de long et 47 pieds 6 pouces de large. Sur chaque grande face il y a sept arcades et trois sur la petite : et sur chaque face, l'arcade du milieu sert de porte et est fermée d'une grille de fer. Intérieurement sont placées de belles tables en pierre pour poser le poisson : au milieu est une pompe qui fournit une eau abondante aux besoins des marchandes. Une seule chose est à regretter, c'est que cet établissement ne soit pas dallé en granite. Son produit est évalué à 6,000 fr. par an.

Auprès de la poissonnerie est une des anciennes tours des fortifications.

ABBAYE-AUX-DAMES.

§. 1ᵉʳ. ÉGLISE SAINTE-TRINITÉ.

Cette abbaye a été fondée en 1066 par Mathilde, épouse de Guillaume-le-Conquérant, et dediée le 18 juin de la même année. Mathilde en fut la première abbesse, bien qu'elle fût mariée, et n'habitât pas le couvent. A sa mort, survenue en 1083, elle fut remplacée par sa fille Cécile, qui en 1075 avait fait ses vœux à Fécamp, et régit l'abbaye pendant près d'un demi siècle. L'Abbaye-aux-Dames ou Ste-Trinité était exempte de toute juridiction épiscopale : elle avait une officialité et juridiction sur quatre paroisses. Guillaume, sur la demande de son épouse, accorda à cette abbaye les droits dus pendant les trois jours qui précèdent le dimanche de la Trinité et les quatre qui le suivent. Son revenu total était de 70,000 livres.

Nous allons d'abord nous occuper de l'église. C'est le type de l'architecture normande dans toutes ses parties. Cependant le haut des tours est de construction plus récente. M. de Bras affirme qu'elles étaient surmontées de flèches et qu'elles furent détruites en 1360 par Charles de Navarre. Françoise de Tessé, une des abbesses, fit reconstruire au XVIIIᵉ. siècle la galerie qui les termine. Jadis on admirait le vaste vaisseau de l'église, dont les bas côtés très-étroits se confondaient avec la grande nef. Lorsque l'abbaye fut transformée en dépôt de mendicité sous l'empire, on mura les bas côtés et partagea l'église par un plancher; on ne conserva intact que le chœur. Le sol était pavé de marbre noir et blanc. La révolution a détruit un superbe autel de marbre qui l'ornait. Au milieu du chœur était le tombeau de la reine Mathilde. Les protestants en 1562 le détruisirent entièrement; la révolution se porta aux mêmes excès. En 1819, M. de Montlivault, préfet du Calvados, en fit reconstruire un nouveau et y replaça une inscription en vieux caractères normands que M. Lair avait sauvée de la destruction. Sous le chœur est une chapelle souterraine dédiée à Saint-Benoît, et souvent désignée sous le nom de tombeau de la reine Mathilde. On y remarque un cercueil de pierre, renfermant les restes d'une des premières abbesses. L'architecture de cette chapelle est très-élégante et très-simple.

§. II. HOTEL-DIEU.

Passons maintenant à l'abbaye proprement dite, ou pour parler le langage de notre époque, à l'hôpital. Les trois corps de bâtiment qui le composent, ont été bâtis de 1722 à 1726, sur les plans de Guillaume de la Tremblaye, religieux de l'Abbaye de St.-Etienne. Il restait encore il y a peu d'années, dans la cour à gauche en entrant, quelques vestiges d'un ancien bâtiment appelé *Palais de Mathilde*. Les bâtiments de l'hôpital ont, pendant la révolution, servi de casernes, d'ateliers militaires, de magasin de fourrages. Ils ont été convertis en dépôt de mendicité, après avoir fait partie du domaine de la Sénatorerie, et ils sont devenus la propriété de la Légion-d'Honneur. Ils ont été cédés à la ville, moyennant 5,000 fr. de rente, et le 6 novembre 1823, les malades ont quitté l'affreux Hôtel-Dieu, situé dans la rue St.-Jean, pour venir habiter ce superbe établissement. La situation de l'hôpital est des plus rares, hors la ville, sans en être éloigné, sur une hauteur, d'où l'on jouit d'une vue admirable, et n'ayant dans son voisinage aucun établissement malfaisant, et garantie par l'église des vents froids et humides de l'ouest. Les salles sont très-vastes et parfaitement distribuées, et tout dans l'intérieur est distribué pour la plus grande commodité du service et la salubrité. Le rez-de-chaussée est en partie occupée par une galerie magnifique, fermée de vitrages en fer, qui sert de promenoir. A proximité se trouve un vaste parc, planté de beaux arbres. L'hôpital peut admettre 400 malades. Le service intérieur est fait par 24 religieuses, de l'ordre de Saint-Augustin. A l'extrémité du parc, est un amphithéâtre de dissection pour les élèves en médecine. L'hôpital jouit d'un revenu de 324,979 f. 98 c. et les dépenses se montent à 314,399 fr. 98 c.

ÉGLISE SAINT-GILLES.

Auprès de l'Abbaye-aux-Dames, enfouie entre quatre murs, gît une petite église peu remarquable, fondée dans le XIe siècle par Guillaume et Mathilde, pour la sépulture des pauvres. En 1082, elle devint église paroissiale : le chœur fut ajouté au XVe. siècle. Il parait qu'elle doit être démolie, et que la paroisse sera transportée dans l'église Ste.-Trinité.

Entre le château et cette église est une petite chapelle qui sert de magasin d'artillerie. Elle a succédé à la belle église du Sépulcre, détruite au XVIe. siècle par le duc de Bouillon. A la place de cette chapelle on doit construire une prison militaire. Au-dessous du château, à l'entrée du faubourg St.-Julien, est la petite église de ce nom, qui existait dès 1160.

JARDIN DE BOTANIQUE.

Vers la fin du XVIIe. siècle, Collard de la Ducquerie, professeur de l'école de médecine, forma dans son jardin particulier une collection d'environ 600 plantes. Son successeur, Marescot, détermina, en 1734, la ville à concéder à la faculté un terrain pour être converti en jardin botanique. Ce terrain ayant reçu une autre destination, on acheta l'emplacement qu'occupe aujourd'hui le jardin. Marescot, son successeur, Blot et Nicolas Demoueux, contribuèrent de tous leurs efforts à son agrandissement. Ce dernier, mort en 1801, a été enseveli dans le jardin : son tombeau de marbre blanc a été exécuté par Pajou et Chaudet. Un des bienfaiteurs du jardin est le contre-amiral baron Hamelin. Il contient aujourd'hui environ

4,000 plantes. La ville vient d'y ajouter un vaste terrain et une belle terre.

UNIVERSITÉ.

Dès l'an 1328, Guillaume Porte enseignait le *droit civil* à Caen, et cette étude y fit tant de progrès, que ce fut un des motifs de la fondation, en 1431, de cette université par Jean, duc de Bedfort, régent de France, au nom de Henri VI, roi d'Angleterre. En 1436, le roi créa des chaires pour les lettres et la théologie, puis pour la physique, et délégua le gouvernement de l'université au bailli de Caen. Trois ans après, le pape Eugène IV confirma la fondation de cette université et ses priviléges en les augmentant, et désigna pour chancelier l'évêque de Bayeux, et pour recteur un anglais, Michel Trégore. Les cours de justice se tenaient aussi dans le même bâtiment que les écoles, dans la rue de la Chaîne; Henri VI en 1442 concéda ces bâtiments à l'université et permit aux professeurs de faire barrer la rue pendant leurs leçons.

En 1450, après la prise de Caen, Charles VII, roi de France, recréa l'université, mais supprima la chaire de droit civil qui ne fut rétablie qu'en 1552. Le recteur portait la robe rouge des docteurs ès lois civiles, et était exempt de certains droits et taxes. L'université de Caen se montra toujours zélée protectrice des libertés de l'église gallicane. En 1491, elle excommunia l'évêque de Châlons, légat du Pape, qui venait lever le décime imposé par le Saint-Père sur le clergé de la province.

Ce fut à l'Université que l'on dut l'institution du *Palinod*, qui se réunissait tous les ans le jour de l'Assomption de la Ste. Vierge Ce ne fut qu'en 1527 que cette fête fut célébrée par des chants, sur l'invitation de Jean Lemercier, avocat, qui prit le titre de *premier prince du palinod*. Pour maintenir cette institution, l'Université forma une confrérie de l'*Immaculée Conception*, dont tous les membres faisaient partie du palinod. Il brilla jusqu'en 1790, et fut illustré par les vers de Malherbe, Sarrazin, Segrais, Malfilâtre et autres.

En 1688, Duguay-Trouin vint faire sa philosophie à Caen ; mais il fut loin d'être un des élèves les plus distingués; car ses parents furent forcés de le rappeler près d'eux, parce qu'il se livrait au jeu.

L'Université de Caen était la seule en province qui jouît des cinq facultés: théologie, lois civiles et canoniques, physique, droits et arts. Avant sa suppression à la révolution, on y comptait jusqu'à 1500 élèves. Elle a été rétablie en 1801, et depuis cette époque, à peine y compte-t-on chaque année 2 ou 300 élèves. On professe à la Faculté de droit, le droit civil, le droit commercial, le droit romain et la procédure civile. Il y a peu d'années, une chaire de droit administratif avait été ajoutée à l'enseignement. Lors de la révolution de juillet, le professeur s'étant retiré, n'a été remplacé que cette année 1836, malgré les demandes des élèves, du conseil municipal et l'assentiment de plusieurs professeurs. Il y a sept professeurs et deux suppléants.

La Faculté des sciences a quatre professeurs qui enseignent la chimie, la physique, l'histoire naturelle et les mathématiques. La Faculté des lettres a cinq chaires pour la philosophie, la littérature française, la littérature latine, la littérature grecque et l'histoire. L'école secondaire de médecine compte huit professeurs, et deux suppléants qui professent l'anatomie et la médecine opératoire, physiologie et accouchements, pathologie chirurgicale, pathologie médicale et thérapeutique, clinique chirurgicale, et des maladies des femmes en couches et des enfants nouveaux-nés, clinique médicale, médecine légale et hygiène publique, matière médicale. Plusieurs traitements ont été supprimés il y a quelques années, néanmoins les professeurs ont continué leurs leçons avec un dévouement digne d'éloge. Les cours ont lieu dans un bâtiment construit en 1701, et appelée autrefois les *Grandes-Ecoles*.

Nous donnons à l'autre page un tableau statistique de l'université de Caen, publié en 1833, dans l'Annuaire de France de la Société nationale.

UNIVERSITÉ DE CAEN.

FACULTÉS	NOMBRE		NOMBRE DE DIPLÔMES			
	EXAMEN.	THÈSES.	CAPACITÉ.	BACHEL.	LICENC.	DOCT.
de Droit.	126	20	12	34	22	»
des Sciences.	6	2	»	13	2	»
des Lettres.	167	4	»	206	5	1
TOTAUX	299	26	12	253	29	1

ÉGLISE NOTRE-DAME.

Cette église, située au coin de la rue Saint-Pierre et de la rue Froide, paraît devoir sa fondation à saint Regnobert. Mais de même que nous l'avons dit pour St.-Pierre, l'ancienne église nous est inconnue, et l'église que nous voyons aujourd'hui est de différents siècles. Notre-Dame, jusqu'en 1329, n'eut pas de cimetière; en 1393, il fut agrandi d'une maison et d'un jardin adjacent. En 1576, cette église ne contenait ni chaises ni bancs; chacun se fournissait un siége : seulement aux fêtes de Noël, on jonchait l'église de 200 bottes de foin; et aux fêtes de l'Ascension, de la Pentecôte,

Saint-Sacrement et de l'Assomption, on la jonchait de fleurs.

Cette église est assez remarquable par la place singulière qu'elle occupe. Le portail a été sacrifié pour pouvoir placer le chœur à l'orient. Elle renferme un assez beau fragment de verrière en couleur, le seul qui existe à Caen. L'irrégularité de sa construction intérieure est frappante. Néanmoins on distingue une arcade ogive d'une grande hardiesse. A l'extérieur, l'abside, une espèce de niche artistement sculptée, la tour, assez semblable à celle de St.-Pierre, méritent quelque attention.

PLACE ROYALE.

Cette place est la plus remarquable de toutes celles qui ornent la ville : peu de villes en possèdent de plus agréable. Au XVIIe. siècle, le terrain qu'elle occupe était une prairie connue sous le nom de Pré-aux-Esbats. Depuis 1624 jusqu'en 1685, trois côtés furent bâtis par des particuliers ; le quatrième en 1658, par les Eudistes. En 1685, Segrais, premier échevin de Caen, fit élever sur cette place une statue de Louis XIV, qui, ayant été détruite à la révolution, fut remplacée en 1828 par celle qui orne la place. Cette statue *colossale* a coûté 90,000 fr. à la ville, et on manquait d'abattoirs, de poissonnerie, de halle ; la ville était mal éclairée, mal pavée ; et Malherbe n'avait seulement pas un buste dans un lieu public !

HOTEL-DE-VILLE.

En 1643, le père Eudes, frère de l'historien Mézeray, fonda à Caen une société qui prit le nom de son fondateur. A cette époque la ville concédait à des particuliers le Pré-aux-Esbats, et les Petits-Prés à charge de bâtir : les Eudistes acquirent le terrain sur lequel s'élève l'Hôtel-de-Ville et y firent construire un séminaire. A la révolution la ville s'en empara et y transporta la Maison-Commune. Là se trouvent réunis, la bibliothèque, le musée de peinture, le cabinet d'histoire naturelle et la caisse d'épargnes.

BIBLIOTHÈQUE.

En 1431, l'Université possédait déjà une bibliothèque : les livres étaient en petit nombre et attachés dans des armoires avec des chaînes de fer assez longues pour permettre de les porter sur les pupitres. Onze de ces volumes nous sont parvenus, dont neuf avec leurs couvertures en bois et la marque de leurs chaînes ou même des portions de chaînes : ils sont déposés à la Bibliothèque. En 1515, la Bibliothèque renfermait 278 volumes, et, en 1730, il ne restait plus que les 11 volumes dont nous venons de parler. Alors on travailla à la reformer, et en deux ans elle avait été portée à 544 volumes, lorsque M. de Colleville, petit-fils du savant Samuel Bochart, donna à l'Université la bibliothèque de son grand-père, composée de

2,005 volumes, la plupart d'une grande valeur, à cause des notes manuscrites dont ils ont été chargés par ce savant.

En 1803, le gouvernement envoya à Caen trente caisses de livres, auxquels fut ajouté tout ce que M. Moysant, nommé bibliothécaire, put recueillir dans les bibliothèques des couvents situés dans l'arrondissement de Caen. De ce nombre furent les livres de François Martin, supérieur des Cordeliers, préfet ecclésiastique de la province, qui était dévoré d'une telle bibliomanie, que le vol même ne lui répugnait pas pour se procurer un livre précieux. La bibliothèque possède aujourd'hui environ 25,000 volumes et quelques manuscrits. Nous allons faire connaître les principaux. Au nombre des manuscrits sont : Le Cartulaire de l'abbaye d'Ardennes; Bréviaire à l'usage de Lisieux, orné de vignettes; du Cotentin, avec cette note de la main de M. Moysant : « Ces mémoi-
» res sont de M. Toussaint de Billy, curé de
» Mesnil-au-Parc, qui avait travaillé toute sa
» vie à l'histoire du Cotentin. Ils sont rares, et
» m'ont été accordés par M. Jourdan, notaire,
» auquel ils appartenaient. Le père Lelong et
» M. Téciet de Fontette ne les ont pas connus.
» Moysant. » Le Moreri des Normands, par Joseph-André Guyot, de Rouen; les Trois Siècles Palinodiques, ou Histoire générale du Palinod de Rouen, Dieppe, etc., par le même; un manuscrit relatif à Coutances; *Athenæ Normannorum*, par François Martin, manuscrit revêtu de l'autorisation du gouvernement pour l'impression; enfin *Magni rotuli Scacca-*

rii Normanniæ de anno 1484. Un exemplaire des poésies de Ségrais, avec correction de la main du poète. Parmi les livres imprimés, on remarque 45 ouvrages du XVe. siècle, mais de peu de valeur; un exemplaire unique de la *Preparatio Evangelica* de Huet, et quelques ouvrages sur la reliure, desquels on remarque le portrait de Henri II, et de Diane de Poitiers.(1).

Les livres sont rangés dans une vaste galerie de 130 pieds de long qui faisait partie de la chapelle du séminaire. Cette galerie sert aussi de salle de travail, bien qu'en 1809, lors de l'ouverture, l'administration eût promis une autre salle, reconnaissant que, pendant l'hiver, cette galerie ne serait pas habitable, et pensant que la surveillance serait plus difficile. La bibliothèque est ornée de 29 portraits d'hommes illustres, dont les noms suivent :

Bertaut (Jean), évêque de Séez, né à Caen en 1552.
Bochart (Samuel), ministre protestant, à Caen, né à Rouen en 1599.
Blouet de Camilly (Pierre), bailli de Malte.
Blouet de Camilly (François), archevêque de Tours.
Buquet (Pierre), bibliothécaire de l'Université de Caen, en 1736.

(1) Ces renseignements bibliographiques nous ont été fournis par l'ouvrage du savant Dibdies ; car, nous sommes fâchés de le dire, la liste des manuscrits et la communication de quelques-uns nous a été refusée sous prétexte de leur peu d'importance.

Cahagnes (Jacques), médecin, né à Caen en 1556.
Cavelier (Antoine), imprimeur de l'Université, à laquelle il donna pour 2,000 livres d'ouvrages.
De Colleville (Samuel), petit-fils du savant Bochart.
Couture (J.-B.), né à Langrune, recteur de l'Université de Paris.
Crevel (Jacques), professeur de droit, peint en habit de recteur de l'Université de Caen, par Tournières de Caen, peintre du régent, né à Ifs en 1692.
Eudes (Jean), fondateur des Eudistes, né en 1601.
Fleury (cardinal de), donna à l'Université 3,000 francs pour achat de livres.
Gonfray, professeur en droit.
Halley, professeur d'éloquence.
Huet, évêque d'Avranches, né à Caen en 1630.
Delalonde, auteur des Mémoires sur la navigation de l'Orne, né à Caen en 1689.
De Lugues, évêque de Bayeux.
Macé (Gilles), astronome, né à Caen en 1586.
Malherbes, né à Caen en 1555.
Lemaître de Savigny, recteur de l'Université de Caen.
Moysant, bibliothécaire de l'Université puis de la ville.
Leneuf de Montenay, général des Génovéfains.
Porée, jésuite.
Postel (Nicolas), professeur de médecine.
Pyrrhon (Guillaume), l'un des commentateurs des *Ad usum Delphini*.

Ségrais, poète, né à Caen en 1625.
Lesens de Mons, secrétaire de l'Académie de Caen.
Tanneguy-Lefèvre, père de Mme. Dacier, né à Caen en 1647.
Varignon, mathématicien, né à Caen en 1654.

MUSÉE DE PEINTURE. *

Le Musée date de la même époque à peu près que la Bibliothèque. Le commencement du Musée provient d'une soixantaine de tableaux sauvés de la fureur du peuple en 1793, par quelques citoyens dévoués aux arts qui écrivirent dessus : *conservé pour le Muséum ;* ou même les couvrirent de craie. En 1795, à la demande des mêmes personnes, des tableaux furent placés dans l'église de la Gloriette, où on les resserra peu à peu, au point qu'en 1809 ils étaient relégués dans un grenier. Alors M. Fleuriot, ancien professeur de dessin à l'école centrale, demanda un local spécial, et obtint la galerie où est aujourd'hui le Musée. Alors on put mettre au jour une cinquantaine de tableaux adressés par le gouvernement en 1804. Mais lors du passage de l'Empereur à Caen, on déménagea les tableaux du Musée, avec une telle précipitation, que plusieurs tableaux d'assez grande

---

* Nous avons à faire ici la même observation que ci-dessus. Nous n'avons pu obtenir aucuns renseignements du Conservateur. Nous avons été obligés de recourir à un travail publié dans un journal de cette ville.

dimension disparurent, sans qu'on ait pu les retrouver : de ce nombre est un *Tobie faisant enterrer les Juifs massacrés par ordre de Sennachérib*, peint par Latraverse.

Comme le catalogue n'est pas encore publié, nous allons faire connaître les principaux, sans toutefois pouvoir indiquer leur numéro d'ordre, à cause des continuels déménagements auxquels ils sont exposés.

Jésus-Christ donnant les clés à saint Pierre, par Paul Véronèse ;

Judith venant de trancher la tête d'Holopherne, du même ;

Le Mariage de la Vierge, par le Pérugin, une copie en a été faite dans les ateliers de Raphaël, et est aujourd'hui à Milan ;

Les préparatifs du passage du Rhin, et le passage du Rhin par Louis XIV : ces deux tableaux sont de Vander-Meulen ;

Une laie et ses marcassins surpris par une meute, d'Oudry ;

Une cuisine, de Sneïder ;

Mercure endormant Argus, du Capucino ;

Une tête de Vierge, sur cuivre, par l'Albane ;

Melchisédech offrant le pain et le vin à Abraham, à son retour de la défaite des rois vainqueurs de Sodome, par Rubens.

La possession de ce tableau a été long-temps disputée au Musée de Caen, qui enfin en est resté possesseur. Ce tableau est de la plus haute valeur.

Le portrait de Jacques Ier., du même.

Un St. Sébastien, d'Andrea del Sarto. Ce tableau est en très-mauvais état.

Des Soldats jouant dans un corps-de-garde, par Bartholemeo Manfredi, élève de Michel-Ange ;

Une tête d'homme et une tête de vieille femme, par Rembrandt ;

Une tête de St. Pierre, par l'Espagnolet ;

La Vierge et trois saints, par Albert Durer ;

La mort d'Adonis, par Poussin ;

Le portrait de Guillaume-le-Conquérant et celui de Mathilde, provenant l'un de l'Abbaye-St.-Etienne, l'autre de l'Abbaye-aux-Dames. Ces deux tableaux sont du XVe. siècle;

La Scène, par

La mort du Christ, par Robert Lefèvre ;

L'adoration des Bergers, par Bartholet-Flemaël ;

St. Jérôme avec son lion, par le Pérugin ;

Coriolan appaisé par sa mère, par le Guerchin ;

Didon abandonnée, du même ;

La Samaritaine, par Philippe de Champagne ;

Tête du Christ sur le mouchoir de Ste. Véronique, du même ;

Le vœu de Louis XIII, du même ;

L'Annonciation, du même ;

Descente de croix, esquisse du Tintoret ;

Chasse à l'ours et son pendant : *cheval terrassé par des loups*, par Devos.

La tentation de St. Antoine, par Paul Véronèse ;

Les Israélites quittant l'Egypte, du même ;

La naissance de la Vierge, par Féti ;

Rolland instruit des amours d'Angélique et Médor, par Galloche ;

Un pot de fleurs, de Fontenay, né à Caen en 1654, et mort en 1715 ;

La Madeleine devant le Christ, par Lorrain ;
Trois paysages, un d'un auteur inconnu, le second par Van-Artois, et le troisième par Salomon Ruisdaël ;
Des fleurs, par Daniel Sighers ;
Un portrait, par Tournières, dont nous avons déjà parlé ;
Tête d'étude, de Velasquez ;
Plusieurs paysages, par Patel ;
Titon et l'Aurore, de Vien ;
Portrait de Robert Lefèvre, peint par lui-même ;
Portrait de Malherbe, du même ;
Portrait de Mme. de Paraberre, maîtresse du régent, par Boullogne ; la guirlande qui l'entoure est de Fontenay ;
Une copie de l'*Ecole d'Athènes*, de Raphaël.

CABINET D'HISTOIRE NATURELLE.

Ce cabinet, fondé depuis à peine dix ans, sous la direction de M. de Magneville, destiné à rassembler particulièrement les productions naturelles de la Normandie, a déjà pris une extension remarquable. Déjà on y remarque une très-nombreuse suite de coquilles vivantes et fossiles, un grand nombre de fragments osseux de crocodiles, d'ichthyosaures, de téléosaures, d'éléphants, etc, fossiles trouvés dans le département ou même aux environs de Caen ; parmi ces derniers, on distingue un crocodile trouvé dans les carrières d'Allemagne, c'est un des plus entiers connus. On y voit aussi la belle collection de polypiers, et l'herbier des plantes marines du professeur Lamouroux, une nombreuse collection minéralogique et géologique, une suite de poissons de la côte et des rivières dans un bel état de conservation, des oiseaux, des mammifères, des crustacées, des reptiles, un commencement d'herbier normand et d'herbier général, et plusieurs autres objets rares et curieux. M. Dumont d'Urville, à son retour de Vanikoro, a enrichi le cabinet d'un canon et de plusieurs autres objets provenant du naufrage de Lapeyrouse.

CAISSE D'ÉPARGNES.

Les caisses d'épargnes ont pour but de recueillir les économies des ouvriers, et de les augmenter des intérêts. Une caisse de ce genre a été ouverte à Caen, le 27 décembre 1835 : les frais sont supportés par un fonds fourni par les souscriptions d'un grand nombre d'habitants. Les trois premiers versements se sont élevés à la somme de 37,108 francs, et n'ont fait qu'aller en augmentant. Le résultat dépasse les espérances des fondateurs.

SALLE DE SPECTACLE.

Depuis nombre d'années Caen demande une salle de spectacle : jusqu'ici les vœux des habitants avaient été vains ; mais enfin ils vont être satisfaits, et grâce au patriotisme de quelques citoyens, bientôt on ne sera plus réduit à aller tous les hivers se morfondre dans l'ignoble grange que l'on a bien voulu décorer du titre de *salle de spectacle*.

Néanmoins, pendant les six mois d'hiver, une troupe de comédie et de vaudeville vient habiter Caen, et joue seulement le mardi, le jeudi et le dimanche. Plusieurs fois nous avons vu figurer les premiers acteurs de la capitale sur notre scène, Talma, Mlle. Georges, Mlle. Mars, Bocage, Mme. Albert, M. et Mme. Volnys, Mme. Carmouche et Lhéric.

Nous devons aussi ajouter à quelles conditions onéreuses le directeur tient la salle. Il paie 50 fr. et seize billets par représentation : s'il donne relâche, il n'en paie pas moins. S'il veut jouer un autre jour, il paie encore en sus. Il est obligé de jouer pendant la quinzaine de la foire. Il est assujéti au maximum des droits d'auteur et des pauvres. Il ne reçoit aucune subvention de la ville ; et cependant les abonnements militaires et bourgeois ne se montent qu'à 1,500 fr. Rarement, dans la semaine, il fait ses frais; et cependant les appointements de sa troupe se montent à 3,000 fr. par mois. Il est peu de villes où le goût du spectacle soit aussi peu prononcé ; il est à craindre, si cela continue, que dans la nouvelle salle, on ne soit réduit à fermer les bureaux faute de spectateurs.

PAVILLON.

Ce bâtiment, consacré par la ville aux séances des sociétés savantes de Caen, ne mérite de nous occuper que sous le rapport des deux collections qu'il renferme : la collection anatomique de feu M. Ameline père, et la collection d'antiquités normandes de la société des antiquaires. Parmi les médecins le savant M. Ameline passait pour un des plus habiles constructeurs de pièces anatomiques. La collection qu'il a laissée à sa mort, l'ouvrage de sa vie entière, servait à l'instruction de ses élèves. Cette galerie de squelettes et de cadavres déchirés en tous sens, dépouillés de leur peau, ou même d'une partie de leur chair est d'une vérité effrayante. Quant à la collection d'antiquités, elle renferme un assez grand nombre de morceaux curieux, la plupart recueillis dans le Calvados.

PRÉFECTURE.

Le bâtiment de la préfecture, grand et vaste ne mérite l'attention sous aucun rapport. A l'extrémité du jardin sur une autre rue sont les bureaux dans les bâtiments de l'ancien collége du Mont.

ÉGLISE DE LA GLORIETTE.

En 1689, les jésuites, maîtres du collége du Mont, firent élever, dans le voisinage de la place Royale, cette jolie petite église. La première pierre en fut posée par le poète Ségrais, alors échevin de Caen. En 1762, lors de la suppression des jésuites, leurs biens et cette église furent donnés à l'université; mais la ville s'en empara en 1791. Cette église, assez élégante, est la seule de notre ville qui soit de construction entièrement moderne.

PLACE DE LA BELLE-CROIX.

Cette place, aujourd'hui peu remarquable, doit son nom à un beau calvaire en pierre qui s'élevait au milieu, et a été détruit par les protestants en 1562. C'était au pied de cette croix que jadis les condamnés, se rendant de la prison, rue de Geole, à l'échafaud dressé sur la place Saint-Sauveur, faisaient amende honorable.

ÉGLISE DE SAINT-ÉTIENNE-LE-VIEIL.

L'église Saint-Etienne, située en face du collége royal, a été bâtie pendant les XIV et XV°. siècles, à la place d'une église plus ancienne. Primitivement cette église était un peu éloignée des murs de la ville, mais en 1346, lors de leur reconstruction, l'enceinte fut rétrécie, et elle se trouva presque toucher les murs. Lors du siége de Caen, en 1417, elle souffrit beaucoup de l'artillerie placée dans les tours de l'Abbaye-aux-Hommes. Depuis long-temps cette paroisse est supprimée, et l'église sert de remise. On remarque au coin extérieur, du côté de la place du Parc, une ancienne sculpture endommagée, représentant un homme à cheval qui en foule un autre à ses pieds : jadis devant lui étaient un homme et une femme à genoux. De Bras dit que c'est Guillaume-le-Conquérant. Quelques autres savants y voient la matérialisation d'une anecdote que l'on racontait au moyen-âge et dont Trajan était le principal acteur. Un jour une veuve vint l'accoster au moment où il partait pour l'armée, et lui demanda justice des meurtriers de son fils. Trajan lui dit qu'il l'entendrait à son retour de la guerre. — Et si vous ne revenez pas, lui dit la veuve? — Mon successeur vous satisfera. — Quel honneur en résultera-t-il pour vous? Cette réflexion frappa l'empereur qui lui accorda justice : il paraît que le meurtrier était son fils unique. L'intérieur de ce monument est assez élégant.

Dans la partie des murs de la ville, encore subsistant, près de cette église, nous avons lu cette inscription : ANTES MVERTO QVE MVDADO, puis une date qui paraît être 1581. Ces mots : *Plutôt mort que changé*, rappelleraient-ils les persécutions exercées contre les protestants!

PLACE SAINT-SAUVEUR.

Au XVIe. siècle, la place Saint-Sauveur était déjà *toute circuye de belles et hautes maisons*. Elle portait le nom de *Vieil-Marché*. A son extrémité était le pilory, et aujourd'hui c'est encore sur cette place que l'on expose les condamnés. Elle a été agrandie du cimetière qui était devant l'église Saint-Sauveur.

Jadis sur cette place était élevé un pilory permanent.

PALAIS DE JUSTICE.

Le palais de justice, commencé en 1786, s'élève sur un terrain appelé le *Coignet-aux*

Brebis, et à la place de l'ancienne tour appelée *Haucourt* ou *Grosse-tour* et plus tard Tour-aux-Fous, parce qu'on y avait renfermé les aliénés. Le palais est à peine terminé. On remarque la belle colonnade d'ordre ionique dont la façade est ornée, puis la salle des audiences solennelles. Les autres salles sont longues, étroites et mesquines. Somme toute, le monument est lourd, sans élégance et mal distribué. On critique surtout l'escalier qui est à gauche sous le péristyle. Dans la salle des assises est un beau tableau représentant la mort du Christ, dû au procédé lithochromique de M. Malapeau. Lorsque le palais sera terminé, il contiendra le tribunal civil, qui est maintenant auprès de l'école de droit. Auprès du palais est la prison civile.

HALLE.

Depuis 1791 la halle se tient dans l'église Saint-Sauveur. Cette église doit sa fondation à saint Regnobert; mais elle ne se composa d'abord que du croisillon et de la tour carrée. Les piliers portent le caractère du XIIe. siècle : l'église ne fut terminée qu'en 1546. La flèche fut élevée en 1605. Aujourd'hui cette église, dans le plus triste délabrement, menace ruine, et doit bientôt faire place à une halle plus en rapport avec les besoins de la ville.

ABBAYE-AUX-HOMMES.

§ Ier. ÉGLISE SAINT-ÉTIENNE.

Cette église fut bâtie par Guillaume-le-Conquérant. Ce prince, en 1064, chargea Lanfranc (1), désigné abbé, d'en surveiller les travaux : mais ayant été nommé archevêque de Cantorbéry, malgré ses refus, en 1070, il chargea Guillaume Bonne-Ame, son successeur de les terminer. Cette église, dont les matériaux ont été tirés des carrières d'Allemagne, s'élevait sur les ruines d'une ancienne chapelle dédiée à saint Etienne. Elle fut dédiée le 13 septembre 1077 par Jean d'Avranches, archevêque de Rouen ; déjà à cette époque l'abbaye avait 120 moines. La nef, le croisillon et le carré des tours composèrent seuls cette église primitive : le chœur a été fait dans l'intervalle des années 1316 à 1344 ; les ailes et les flèches sont du même siècle. En 1562, les protestants ravagèrent cette église, enlevèrent les plombs et la charpente de la couverture, rompirent les voutes en plusieurs endroits et renversèrent la

---

(1) Ce Lanfranc, lombard d'origine, vint au fameux couvent du Bec, et après s'y être fait moine, y ouvrit une école de littérature, qui devint si célèbre qu'il lui venait des élèves de toute les parties de la France. Ses sarcasmes sur l'ignorance du clergé normand lui attirèrent des ennemis ; et Guillaume ordonna qu'il fût chassé de Normandie et qu'on brûlât la dépendance de l'abbaye dite le *parc*. Alors Lanfranc vint hardiment à la cour et dit au prince : « Seigneur, je m'empresse à déférer à ta volonté ; je pars, mais mon cheval est boiteux : si tu voulais m'en faire donner un meilleur, je t'obéirais plus promptement. » Frappé de ce langage Guillaume en fit son confident. Ce fut lui qui fit lever l'excommunication qui pesait sur Guillaume pour son mariage : en récompense il fut nommé abbé de Saint-Etienne et attira à Caen toute la population du Bec.

pyramide du milieu. On fut soixante-quatre ans sans pouvoir y célébrer l'office divin, bien qu'en 1564 une partie du chœur eût été rebâtie par les soins de Simon de Trévières, alors abbé.

Cette église qui dans une partie reproduit le type de l'architecture normande, est peu élégante, à l'intérieur et à l'extérieur ; mais vue de loin elle offre un aspect assez majestueux. Le portail percé de quelques petites fenêtres en plein ceintre n'est orné d'aucunes sculptures. Jadis dans le chœur on voyait le tombeau de Guillaume, élevé par son fils Guillaume-le-Roux. Ce monument consistait en une pierre tumulaire soutenue par des piliers de marbre noir, sous laquelle était couchée l'effigie du roi en costume royal. L'inscription en vers latins avait été composée par Thomas, évêque d'York. En 1522 un cardinal et plusieurs archevêques qui se trouvaient à Caen demandèrent à Pierre de Martigny, évêque de Castres et alors abbé de Saint-Étienne, la permission de faire ouvrir le tombeau. Il la leur accorda et on trouva le corps parfaitement conservé. Les protestants détruisirent le monument et dispersèrent les restes du corps. Il fut de nouveau détruit en 1793. Celui que l'on voit aujourd'hui a été élevé en 1800, par les soins du général Dugua, préfet du Calvados. L'orgue est un des plus beaux de France.

Cette abbaye a conservé long-temps les insignes de la royauté de Guillaume, qui y furent déposées après sa mort. On y voyait aussi un bassin d'argent doré, orné de médailles antiques dans lequel on disait que Guillaume avait déposé sur l'autel l'acte de fondation de l'abbaye.

Guillaume donna à l'abbaye de Caen cinq villages avec tous ceux qui n'y occupaient pas de terres franches : ces vassaux ne devaient servir que les moines, et n'obéir qu'à une sommation de service militaire du roi à l'abbé, dans laquelle ils devaient être désignés nominativement, et cela dans le cas seul d'une invasion étrangère, et pour servir en Normandie. Il lui donna le Bourg-l'Abbé, et tous les droits que le roi y percevait; il en excepta la foire où le percepteur royal levait, le second jour, un droit sur les marchandises achetées ou vendues par les étrangers. Il créa, en sa faveur, dans Caen, une foire de trois jours, et lui accorda un cellier sur la Seine, des moulins sur l'Andelle, et des biens en Angleterre. Roger de Montgommery, un de ses courtisans, lui donna un bourg avec la forêt d'Auge. Son gendre, Robert, comte de Mortain, lui donna la terre d'Hauteville. D'autres lui concédèrent des villages, des prés, des maisons; quelques-uns de ses donateurs se réservèrent le droit de se retirer dans l'abbaye. Elle avait, en outre, la dîme sur les baleines prises à Dives. Aussi son revenu était-il, en 1250, de 4,000 livres équivalant aujourd'hui à 82,012 livres. En 1774, il était de 192,000 livres. En raison de ses richesses, elle avait été taxée par la chambre apostolique à mille florins d'aunates.

Pour ses franchises, l'abbé devait au prévôt de Caen quatre pains chaque dimanche, et, le jour de la foire Saint-Michel, deux septiers de froment, deux pots de vin *huet* (blanc) rendus à la croix du Bourg-l'Abbé, pour ceux qui criaient le *jambage* pour le prévôt, sept coquets, avec leurs crêtes et rognons, cuits sans lard : lors de la foire du Pré, il devait de plus deux pots de vin *huet* et sept pains. Celui qui allait chercher ces redevances, devait manger un pain et un coquet, boire un pot de vin, et jeter le pot contre la porte dudit prévôt.

L'abbaye de Saint-Etienne jouissait en outre de grands priviléges. Elle fut exemptée de la juridiction de l'évêque de Bayeux par le pape Alexandre II ; et cette exemption fut confirmée par Honorius III en 1221. Clément VI donna à l'abbé les vêtements pontificaux et le droit de donner la bénédiction dans toute la juridiction, à moins qu'un légat *à latere* ne fût présent. Ses abbés furent toujours choisis parmi de grands personnages : de ce nombre on cite Antoine de Bourbon, fils naturel d'Henri IV, le cardinal de Fleury, etc. : le dernier fut Arthur de Dillon archevêque de Narbonne.

§. IIe.

COLLÉGE ROYAL.

Le bâtiment dans lequel est établi le collége depuis le 5 mai 1803, a été construit en 1704 sur le plan de Guillaume de la Tremblaye que nous avons déjà cité, et terminé en 1726. Ce beau monument remplaça les constructions normandes qui, jusques-là, avaient servi d'habitation aux religieux de l'abbaye St-Etienne. Il paraît qu'au XVIe. siècle le bâtiment qui est à droite en entrant dans la cour de l'abbaye s'appelait le *Palais du roi* et que celui qui fait face à la porte se nommait le *logis neuf de l'évêque de Castres*, parce qu'il avait été élevé en 1490 par cet évêque, alors abbé de Caen. Avant la révolution, on voyait dans cet établissement une vaste salle, dite *grande salle*, où l'échiquier tint plusieurs fois ses séances, elle a été convertie en 1802 en classes pour le Lycée. Elle était remarquable par ses vitraux et par les briques dont elle était pavée et sur lesquelles était peint un grand nombre d'armoiries. Cette salle avait 160 pieds de long et 50 de large.

On admire dans ce bel établissement les vastes dortoirs dans lesquels sont logés les élèves et qui se développent sur la façade principale du bâtiment, et les beaux escaliers qui y conduisent. Le réfectoire est une grande salle voutée, ornée de très-beaux tableaux : les tables qui le garnissent sont en marbre.

Il y a peu d'années furent terminées les classes actuelles qui ont une ouverture sur la place Fontette. Dans ces classes sont tracées de vastes *Cartes murales*, pour l'étude de la géographie. Depuis quelques années, une école de second degré établie dans le collége par M. Daniel, proviseur, jouit de la plus grande prospérité; l'étude de la musique a été aussi introduite dans le système d'éducation. Le collége vient, il y a quelques années, d'être élevé au rang de collége de première classe.

Devant le collége a été élevé un obélisque de granite, par les soins d'un grand nombre de souscripteurs, en mémoire de l'assassinat du duc de Berry. Ce monument est dressé à la place où il descendit de voiture lorsqu'il visita Caen.

ÉGLISE SAINT-NICOLAS.

La construction de l'église Saint-Nicolas date du XIe. siècle : elle ne fut érigée en paroisse qu'en 1083, par Guillaume. On lui assigna cinq familles ou maisons, et on stipula que toutes les maisons de nouvelle construction appartiendraient à la nouvelle paroisse. C'était dans l'enceinte de cette église qu'au XIIe. siècle on rendait les jugements canoniques, prononcés par des commissaires munis des pouvoirs de la cour de Rome.

Cette église est le seul monument d'architecture normande qui nous soit parvenu pur de tout mélange. Elle sert aujourd'hui d'écurie à la remonte. Mais tous les jours l'administration se plaint de l'insalubrité de ce local ; et il est à craindre que le jour où les plaintes seront trouvées fondées, ne devienne le signal de la destruction de ce monument.

BON-SAUVEUR. (1)

Cette congrégation fut fondée en 1720 par Anne Leroy, dans une petite maison de la rue du Four, près de la rue du Milieu à Vaucelles, où elle ouvrit de petites écoles et donna des soins aux malades. En 1732 elle transporta le

---

(1) Cette notice est extraite d'un mémoire publié par M. l'abbé Jamet, directeur du Bon-Sauveur.

local de la communauté dans la rue d'Auge, et trois ans après on y reçut les femmes aliénées. En 1792 les religieuses du Bon-Sauveur furent dispersées, et une partie se retira à Mondeville avec leurs pensionnaires. En 1804, elles achetèrent la maison des Capucins où elles sont maintenant. En 1818, le département voulant retirer les aliénés de la prison de Beaulieu, où ils étaient renfermés, prêta 50,000 fr. aux religieuses pour agrandir leur établissement. Deux ans après eut lieu un nouveau prêt de 40,000 fr. pour de nouvelles constructions. L'établissement couvre aujourd'hui 90,000 mètres carrés. Les constructions qui ont été faites ont coûté 1,200,000 fr.

Avant la fondation de cette maison, les fous de Caen étaient, comme nous l'avons dit, en parlant du palais de justice, enfermés dans des cachots souterrains; d'autres étaient dans un étage plus élevé. Mais presque tous étaient enchaînés dans leurs cachots, ayant à peine de la paille pour se couvrir. Ceux qui étaient à l'étage supérieur descendaient, à l'aide d'une corde, des sacs de toile dans lesquels les curieux leur mettaient de l'argent ou des aliments, il arrivait souvent que le dimanche, moyennant une rétribution, le public était admis à les voir. De là ils furent conduits en 1784 à Beaulieu, au milieu des malfaiteurs dont ils devinrent le jouet, et n'en sortirent qu'en 1820. Le bâtiment des femmes, parallèle à la prairie a 800 pieds de façade. On trouve dans l'établissement un billard, une bibliothèque, des salles de bains, des voitures et de superbes jardins.

A un quart de lieue de la ville, l'établissement possède une jolie maison de campagne.

Outre les aliénés, on y reçoit aussi les **sourds et muets**, auxquels on donne une éducation soignée d'après l'ingénieuse méthode inventée en 1815 par M. l'abbé Jamet. On est parvenu à en faire parler quelques-uns. On a joint à l'établissement une école gratuite pour les filles pauvres, et un dispensaire où les premiers secours sont distribués aux pauvres. On y reçoit les dames qui désirent vivre dans la retraite. La maison contient 673 personnes, savoir : 94 religieuses ; 40 novices ; 7 filles associées ; 6 prêtres ; 19 dames en chambre ; 32 jeunes personnes pour l'éducation ; 32 sourds et muets ; 40 sourdes et muettes ; 147 hommes aliénés ; 182 femmes aliénées ; 74 domestiques et gens de peine. Deux savants médecins, MM. Trouvé et Vastel, suivent l'établissement.

Au premier janvier 1835, il y avait au Bon-Sauveur 422 aliénés : sur ce nombre 67 ont été guéris ; 42 étaient en convalescence et le sort de 53 incurables s'était amélioré d'une manière sensible. Ces heureux résultats sont bien consolants, surtout quand on se rappelle l'abandon dans lequel étaient jetés jadis ces misérables.

BEAULIEU. (1)

A moins d'un quart de lieue de l'octroi de

---

(1) Cette notice est extraite d'un mémoire publié par M. Diey, directeur de Beaulieu, dans l'annuaire des cinq départements de la Normandie pour 1835.

Caen, sur la route de Bayeux, s'élève, dans une position des plus salubres, la maison centrale de détention, dite de Beaulieu. Elle a été construite sur l'emplacement d'une léproserie ou *Maladrerie* fondée en 1460 par Henri II, duc de Normandie. En 1789, on y renfermait les condamnés, les personnes détenues en vertu de lettres de cachet, les vagabons et les aliénés des deux sexes. Ce fut un decret de l'empereur, daté de Bayonne, lors de son entrée en Espagne, qui institua les maisons centrales de détention.

La maison de Beaulieu a la forme d'un parallélogramme dont les quatre côtés sont égaux : ce parallélogramme est divisé intérieurement par quatre corps de bâtiments qui se réunissent au centre et forment quatre cours intérieures dans lesquelles on construit des bassins où 40 prisonniers pourront prendre des bains de pied à la fois.

Une moitié des bâtiments est destinée aux ateliers et l'autre aux dortoirs, et dans toutes les pièces sont pratiquées des corridors au moyen de claires-voies qui rendent la surveillance facile, sans communications avec les prisonniers. Un des bâtiments qui forment la croix au milieu du carré, contient 36 cellules isolées, divisées chacune en deux petites pièces, l'une pour le coucher, l'autre pour le travail. Cet établissement est le seul moyen de correction employé. La chapelle est située dans les combles au centre de l'édifice.

Le parallélogramme est à une distance de 82 pieds, entouré d'un mur flanqué de quatre tourelles de surveillance, au pied desquelles sont les cabinets d'aisance. L'espace compris entre ce mur et le bâtiment, forme douze préaux, dont huit servent de promenades aux prisonniers. Ces préaux sont garnis de petits jardins cultivés par les détenus. Un second mur, à 23 pieds de distance, sert de chemin de ronde. Ces enceintes sont tellement combinées, qu'il n'a pas été nécessaire de garnir les fenêtres de grillages.

A leur entrée dans la maison, les condamnés reçoivent le costume de l'établissement. Leur linge est changé toutes les semaines. Leur nourriture se compose d'une livre et demie de pain et de deux soupes aux légumes, d'un demi-litre chaque. Tous les jeudis et les jours de grandes fêtes religieuses ou nationales, on y ajoute de la viande, avec le bouillon et les légumes verds qui en proviennent. Les détenus, ayant droit aux deux tiers de leur salaire, dont un est mis en réserve pour l'époque de leur sortie, peuvent avec l'autre se procurer un supplément de nourriture à la cantine, et même un litre de cidre par jour et à l'heure du dîner seulement.

Dans l'été, le lever a lieu à cinq heures et dans l'hiver, au point du jour : en toute saison, le coucher se fait à neuf heures. Après le lever et avant le coucher, les détenus ont une demi-heure de récréation : dans l'hiver, c'est de quatre heures et demie à cinq heures. A neuf heures et à trois heures, moment des repas, ils ont une heure de repos. Pendant ces instants une conversation paisible leur est permise ; mais ils ne peuvent ni courir, ni crier. Ils s'occupent à la culture de leurs petits jardins. Dans les ateliers ils doivent garder le silence, ainsi que dans les dortoirs et dans les réfectoires.

Depuis le 1er. mars 1832, une école primaire a été ouverte dans l'établissement : on y admet tous les jeunes gens, même ceux qui ont plus de vingt ans, qui en manifestent le désir ; et déjà plus de 60 détenus sont parvenus à bien écrire.

En décembre 1833, la maison de Beaulieu renfermait 785 détenus. Ce nombre pourra être porté à 15 ou 1600.

Elle est placée sous la surveillance du préfet du Calvados ; elle est administrée par un directeur, un inspecteur, deux commis comptables, un aumônier, un médecin, un chirurgien et un pharmacien. Dix-huit gardiens, pris la plupart parmi d'anciens sous-officiers de l'armée, surveillent les prisonniers.

Un entrepreneur général est chargé, moyennant un prix de journée, de toutes les fournitures et des réparations locatives ; il doit, en outre, procurer de l'ouvrage aux détenus. Voici la composition des ateliers en 1833 : 143 hommes et 71 femmes étaient employés à la fabrication du calicot et de la toile de lin ; 155 ouvriers et 105 ouvrières travaillaient à la filature et au retordement du coton ; il y avait 43 lingères, 12 passementières, 29 dentellières et brodeuses, 18 couseuses de bas, 55 fileuses de laine, de coton et de lin, 21 couturières pour les vêtements des détenus ; 30

ouvriers composaient l'atelier des menuisiers, tourneurs, ébénistes et scieurs de long ; 6 fabriquaient des sabots ; 56 travaillaient à l'atelier des basestamiers ; il y avait 24 tailleurs et cordonniers ; 17 manœuvres pour la construction de la maison ; et 1 serrurier : le surplus se composait de gens de service, tels que cuisiniers, boulangers, infirmiers, tireurs d'eau, casseurs de bois, et d'infirmes et de malades.

Dans un classement des maisons de détention qui vient d'être fait, Beaulieu n'est mis qu'au second rang, à cause du nombre de détenus que contient cette maison ; mais sous le rapport de la bonne tenue, elle est bien au premier rang. Cette discipline fait le plus grand honneur au talent du directeur, M. Diey. Les résultats sont des plus satisfaisants, puisque sur 153 prisonniers grâciés pendant le même espace de temps, un seul a été repris de justice.

PRINCIPALES RUES.

Rue de Vaucelles. — Cette rue qui vient aboutir au pont de Vaucelles, portait jadis le nom de *rue du Pont* ou du *Pont Frileux*. Quelques étymologistes font venir le nom de *Vaucelles* du latin *vallicella* petite vallée.

Rue Saint-Jean. — Cette rue, une des principales de Caen, s'appelait autre fois *rue Exmoisine* ou Humoise, parce qu'elle conduisait au pays d'Hiesme, du côté de la vallée d'Auge.

Rue Frémentelle. — Ce nom vient de ce que cette rue étant exposée du sud au nord, est si froide que ceux qui y passent ont besoin d'un manteau.

Rue Jean-Romain. — Cette rue nouvellement ouverte à travers de l'ancien hôtel de Faudoas, par M. Romain, architecte, est remarquable par les jolies maisons qui l'ornent d'un bout à l'autre. M. Romain désirant lui donner le nom de son père, s'est engagé à paver cette rue, à y établir les réverbères et des trotoirs.

Quartier Singer. — En 1829, M. Singer, propriétaire du couvent des Ursulines, acheta les terrains de l'ancien Hôtel-Dieu qui tenait à ce couvent, moyennant la somme de 57,000 f. Sur ce vaste terrain il a ouvert le quartier qui porte son nom et est destiné à devenir la plus belle partie de la ville.

Rue Guilbert. — Dès le XIIe. siècle cette rue portait le nom qu'elle avait reçu de Guilbert de la Marche, qui en était le principal propriétaire. A la fin du XIVe. siècle, elle prit le nom de *rue de Bras*, de la famille du sire de Bourgueville, auteur d'une histoire de Caen. Depuis elle a pris le nom de *rue Napoléon*, parce que le prince logea dans cette rue à l'hôtel de Calmesnil.

Rue de l'Engannerie — Ce nom vient de ce qu'autrefois cette rue s'appelait *rue de la Guaisnerie* ou des Guaisniers.

Rue de Bernières. — Cette rue a été ouverte en 1675 sur le terrain de MM. de Bernières. La partie qui aboutit dans la *rue Saint-Jean*, fut prise sur l'ancienne *rue des Templiers*.

Carrefour Saint-Pierre. — Jadis ce carrefour se composait de l'aboutissement des rues Saint-Pierre, de Geôle, du Montoir-de-la-Poissonnerie et du Change. Cette dernière allait depuis le pont Saint-Pierre jusqu'au carrefour, et était formée par les maisons bordant le cimetière de l'église Saint-Pierre.

Rue du Ham. — Ce nom de *Ham* a été formé par corruption de *huhan* ou hibou. Il lui a été donné de l'enseigne d'un hibou, attaché à une maison qui appartenait aux chanoines du sépulcre. Elle s'est appelée aussi *rue Fauconnière*.

Rue du Puits-ès-Bottes. — Ce nom singulier vient de celui d'un chanoine du Sépulcre, appelé Pierre ès Bottes, reçu chanoine en 1253, et qui possédait une maison dans cette rue.

Vaugueux. — On donne à ce nom la même étymologie qu'à Vaucelles; bien que ces deux noms se ressemblent peu. D'autres disent qu'il vient de ce que ce faubourg servait de retraite à un grand nombre de pauvres familles, de *gueux*.

Rue de Geôle. — Cette rue, depuis le XIe. siècle jusqu'à la moitié du XVIe., porta le nom saxon de *Catehoule*, qui veut dire *passage bas* ou *rue basse*. Dans la partie voisine de Saint-Pierre, on l'appelait aussi *rue des Fevres* ou Forgerons. En 1426, cette partie s'appelait *rue de la Serrurerie*. En 1463, on acheta l'hôtel de Richard de Percy, seigneur de la Londe, pour y établir le baillage et les prisons civiles : alors la rue prit le nom de *rue de Geôle*. Lès les XIIe. et XIIIe. siècles elle était habitée par la première noblesse de Caen.

Rue du Tour-de-Terre. — Cette rue a pris

son nom d'une enseigne appendue à une maison.

Rue Gémare. — Ce nom s'étendait à toute la rue depuis le moulin jusqu'à la rue St.-Pierre : on la distinguait en *Haut-Gémare* depuis la rue des Croisiers jusqu'au moulin ; et en *Bas-Gémare* de ce point à la rue St.-Pierre. Cette partie prit plus tard le nom de *rue des Bourettes* ou *des Anettes* (Canards). Enfin, au XVe. siècle, elle fut appelée *rue des Teinturiers.*

Rue Vilaine. — Cette rue est ainsi nommée, parce qu'avant l'abolition de la servitude, comme la paroisse de St.-Julien relevait du fief de Montenay, sis à Venoix, tous les habitants de ce quartier étaient vilains ou serfs.

Rue aux Lisses. — Elle doit son nom à une famille qui l'habitait. En 1563, Jean Lisse en était le principal propriétaire : en 1650, ses descendants y demeuraient encore.

Rue Bosnière. — Elle s'appelait jadis *rue aux Juifs* : ceux-ci avaient leur cimetière dans le voisinage, *jouxte le chemin tendant à Couvrechef.*

Rue des Croisiers. — Son premier nom fut la *Franche-Rue*, parce que, dit-on, si les criminels, allant à l'échafaud par cette rue, pouvaient toucher un anneau qui s'y trouvait, ils étaient affranchis. Son nom actuel lui vient d'un couvent de croisiers qui était dans cette rue.

Rue aux Namps. — Cette rue a porté les noms de *rue ès Frères* ou *ès Frères-Mineurs*, et de *rue de la Peufferie* ou friperie. Le mot *Namps* est saxon et veut dire *gage*. Michel Angier, un des premiers imprimeurs de Caen, y avait sa demeure en 1520. Cette rue servait à la représentation des mystères, parce qu'elle est plus élevée d'un bout que de l'autre et qu'elle était garnie de porches de chaque côté.

Rue Saint-Pierre. — Les noms de cette rue ont subi de nombreuses transformations. Depuis le carrefour Saint-Pierre jusqu'au pont qui la traverse, elle s'est appelée *rue de la Cordouannerie ;* depuis ce pont jusqu'à la rue des Teinturiers, *rue de la Confiserie ;* puis jusqu'à l'ancienne halle, aujourd'hui détruite, *rue de la Mercerie*, qui, par suite, fut imposé à toute la rue. Elle a encore porté le nom de *rue de la Cervoiserie* des fabriques de bière qui s'y trouvaient. Au XVIe. siècle, elle avait 24 pas de large et était garnie de porches. Avant la révolution, on infligeait, dans cette rue, à la porte de l'ancienne halle, la peine de l'exposition.

Rue Hamon. — Cette rue commencée en 1670, tire son nom de celui d'un marchand sur le terrain duquel elle fut ouverte.

Rue Notre-Dame. — Depuis l'ancienne halle jusqu'à la rue Froide, cette rue a porté au XIIe. siècle le nom de *rue du Massacre*, puis au XVe. celui de *rue de la Grande-Boucherie.*

Rue Froide. — On présume que ce nom vient d'une famille Froide-Rue qui l'habitait vers le XIIe. siècle. Dès le XVe., les imprimeurs et les libraires adoptèrent cette rue. Pierre Regnault s'y fixa le premier en 1492.

Rue Ecuyère. — Autrefois cette rue ne s'étendait que jusqu'à la rue Formage : le reste s'appelait *rue de la Teinturerie*. Plus tard la rue entière prit le nom de *rue Écuyère*.

Rue Pémagnie. Ce nom vient de l'ancien mot normand *mesgnie* famille ; ce nom lui a été donné parce que sans doute dans l'origine elle était peu habitée. C'était par cette rue que l'on allait à Bayeux.

Rue de Bayeux. Cette rue fut nommée primitivement *rue de Bayeux* ; puis sous les successeurs de Guillaume-le-Conquérant, elle prit le nom de *rue de Bures*. Puis au XIIIe. siècle elle reprit son nom. Au XVIe. siècle, les protestants ayant bâti un temple dans cette rue, elle prit le nom de *rue du Prêche*. En 1685 elle redevint *rue de Bayeux*. A l'entrée de cette rue était l'*échelle-ès-parjures* ou *ès-faux-boulangers*, c'est-à-dire des boulangers vendant à faux poids. Cette rue conduisait autrefois aux fourches patibulaires situées à *Carpiquet*, dont le nom (*Caro piquet*) indique assez la destination.

MAISONS.

Caen est généralement bien bâti ; les maisons sont en pierre ; il y en a cependant un grand nombre en bois, qui, pour la plupart, datent du XIVe. ou du XVe. siècle. Ces maisons sont à pignon sur rue, et à étages se surplombant. Il y en a plusieurs dans la rue Saint-Pierre et dans la rue Saint-Jean. Dans la première, on remarque surtout les trois maisons auprès desquelles était situé le tripot ou ancienne halle. Ce sont des plus anciennes de Caen. Dans la rue Saint-Jean, on distingue le pignon du n°. 19, qui fait le coin de la rue des Quais et de la rue Saint-Jean, puis le n°. 94. Dans la maison n°. 22, même rue, on voit les restes de l'ancienne chapelle de l'Échiquier. Dans la rue de Geole, au coin de la venelle des Bons-Amis, il y a une vieille maison en bois qui a appartenu à Jean-Quatrans, tabellion à Caen, depuis 1380 jusqu'en 1390. Dans la rue de la Monnaye, auprès de la rue Froide, est une ancienne maison qui porte le nom d'Hôtel de la Monnaie. Cette maison, de la fin du XVI°. siècle, est ornée de sculptures, et surtout d'une petite tourelle très-élégante. Sur la place de la Belle-Croix, au coin de la rue de l'Odon, est la maison où *naquit Malherbe* ; c'est aux soins de M. Lair que l'on doit l'inscription qui l'indique. Un peu plus loin, rue Écuyère, on voit l'hôtel de la famille Bureau, célèbre à Caen au XV°. siècle. Ses armes, qui étaient au-dessus de la porte, ont été détruites à la révolution.

A l'extrémité de la rue Basse, on voit le manoir dit des Gendarmes, qui existait dès le XIV°. siècle, et s'appelait *Manoir des Talbotières*. L'édifice que nous voyons est de la fin du XV°. siècle, et a été construit par Girard de Nollent, seigneur de Saint-Contest, dont les armes ont été brisées à la révolution. On ne connaît pas les portraits qui en ornent la façade : les inscriptions qui les accompagnent sont ou morales ou chevaleresques. Une des tours est surmontée d'un Neptune. On ignore l'origine des noms que porte le monument.

Dans la rue de Bayeux on voit encore la maison d'Asselin, qui fit *haro* sur le corps de

Guillaume-le-Conquérant. Au haut du Vaugueux on voit le manoir de la Pigacière, appartenant dès le XIIIe. siècle, à la famille Porte. Il est situé au coin de la route de Lébisey.

Parmi les maisons de construction moderne, on remarque celle bâtie près du pont de Vaucelles par M. Maillard, celle de M. Paisant rue Saint-Pierre où sont les messageries Lafitte et Caillard, celle de M. Thibout rue Saint-Jean, l'hôtel de M. Lagouelle sur la place Royale, et la maison de M. Magron, rue de Bernières.

FOIRES.

La *foire Saint-Michel* est très-ancienne ; elle existait dès l'an 1431 et se tenait au Bourg-l'Abbé. Elle s'appelait la *foire aux oignons*, à cause de la quantité d'oignons qui s'y vendait. Tous les droits de cette foire appartenaient à l'abbaye Saint-Etienne. Il en était de même des droits de la *foire des Innocents*, dont l'origine n'est pas connue.

Au mois de novembre 1470, Louis XI institua à Caen deux foires, l'une le premier mercredi après la Pentecôte et l'autre le premier mercredi après la Notre-Dame de septembre : elles duraient quinze jours. Mais en 1477, elles furent transférées à Rouen. Henri IV, pour réparer le mal que cette suppression causait au commerce de Caen, établit la *foire franche* par lettres patentes du mois de mai 1594. Elle devait ouvrir le 1er. juillet et durer quinze jours. Mais comme elle se trouvait trop rapprochée de la foire de Guibray, les habitants de Falaise réclamèrent et en 1598 elle fut transférée à la première semaine de Carême ; puis comme elle tombait encore trop proche d'une foire de Rouen, elle fut remise au lendemain du dimanche de *Quasimodo*. En 1601, sur la demande des habitants de Caen, elle fut remise au second lundi après la Quasimodo et réduite à huit jours. En 1597, les pères jacobins cédèrent l'emplacement où se tient cette foire pour 233 écus, et deux ans après on adjugea l'emplacement des loges. Pour certains métiers le prix par toise fut de 20 sous de rente annuelle envers l'hôtel-de-ville, plus deux écus par toise payables à l'ouverture de la boutique : pour d'autres métiers ce fut quinze sous de rente et un écu à l'ouverture de la boutique.

Cette foire était très-importante autrefois : elle a rivalisé avec Beaucaire et Guibray. Mais elle tombe tous les ans.

La *foire de la Trinité* qui se tient près de l'Abbaye-aux-Dames est ancienne. Jadis elle durait deux jours et elle a été réduite à un seul. L'abbaye en touchait les droits.

Le marché du lundi existait avant la fondation de l'abbaye Saint-Etienne. Il fut partagé en deux et porté en partie au vendredi pour mettre la vente des bestiaux en rapport avec le marché de Sceaux.

ANCIENS COUVENTS.

Jadis en France se trouvaient 14777 couvents : la ville de Caen en avait sa bonne part: nous allons les faire connaître le plus brièvement possible.

L'ordre religieux et militaire des *Templiers*, s'établit à Caen peu après son institution. Leur hôtel était dans la rue St.-Jean, à la place de la rue de Bernières. Nous avons dit ailleurs l'époque de leur suppression.

En 1219, Guillaume Acarin, bourgeois de Caen, demeurant au Vaugueux, érigea dans ce faubourg un collége de chanoines, sous le titre de *Chanoines du Saint-Sépulcre*. Il fit un voyage à la Terre-Sainte et à son retour fonda la belle église du Sépulcre dont nous avons déjà parlé.

En 1278, Jean Villette, de Caen, fonda le couvent des *Carmes*, qui était situé à l'extrémité de la rue qui porte leur nom. Leur couvent s'appelait *Notre-Dame du Carme*. On les appelait les *Pères Barrés*, parce que leur costume était rayé de rouge, de blanc et de noir.

En l'an 1290, les *Pères de Sainte-Croix* ou *Croisiers*, de l'ordre de Saint-Augustin, avaient un établissement au Bourg-l'Abbé, sur la paroisse de Saint-Martin. En 1346, lorsque Philippe de Valois fit fortifier la ville, on fut obligé de détruire leur couvent. En 1356, Charles, duc de Normandie, dauphin de Viennois, leur donna le couvent des Béguines, dans la Franche-Rue, qui prit leur nom, et transporta celles-ci ailleurs. Ces pères portaient aussi le nom d'*Orateurs de Sainte-Croix*.

On attribue généralement la fondation du couvent des *Jacobins* à St.-Louis. Ce couvent, situé près du Champ-de-Foire, couvrait un vaste terrain.

On ignore l'époque de la fondation des *Cordeliers*. On l'attribue à un sieur Guesdon de la Guesdonnière, près Aunay, en 1236, ou à la famille des Hardy, près Aunay, ou encore à une famille Beleth, en 1262. En 1492 les Cordeliers, dits *Bulletins* ou *de la Bulle*, sous prétexte de réforme, voulurent s'emparer de ce couvent. Mais les religieux se mirent sous la protection de l'Université. En 1562, leur couvent fut détruit par les protestants et relevé en 1603 par des aumônes. Leur couvent, dans la rue qui porte leur nom, est occupé par une communauté de femmes de *l'Adoration perpétuelle*.

En 1575, les habitants de Caen, à la persuasion de leur gouverneur, M. de la Verune, demandèrent l'établissement dans leur ville d'un couvent de *Capucins*. On leur en envoya six, et dans une assemblée de la ville, grâce aux libéralités des religieux de Saint-Etienne, on leur donna le lieu appelé le *Prieuré du fief de Brucourt* (1). Leur couvent fut bâti en 1576 : l'église ne le fut qu'en 1634. Il est occupé par l'établissement du Bon-Sauveur.

Henri IV est le fondateur des *Jésuites* à Caen. Nous avons parlé ailleurs de leur établissement et de la fondation de leur église, la Gloriette.

En 1616, une sainte fille qui depuis fut *carmelite*, fonda cet ordre à Caen, dans la rue

(1) Il y avait en France 12,400 prieurés.

Guilbert. Ensuite elle acheta de Corberau, Jacques de Morel, sieur de Brucourt et de Valentine de Lusse, son épouse, l'emplacement où est percée aujourd'hui la *rue des Carmelites*. Leur église fut dédiée en 1626.

En 1622, MM. de Repichon donnèrent une maison dans la rue Guilbert, aux *pères de l'Oratoire*. En 1653, ils se transportèrent dans une maison qu'ils avaient achetée d'un sieur Paris, située dans la rue qui a pris leur nom.

Mme. Jourdaine de Bernières fonda les *Ursulines* en 1624. Leur première habitation fut dans la rue Guilbert. Quatre ans après, leur fondatrice, élue supérieure, leur fit bâtir un nouveau couvent, rue Saint-Jean. Elles y entrèrent en 1636, et elles occupent aujourd'hui un bâtiment, rue de la Chaine.

En 1631, les religieuses de la *Visitation* vinrent à Caen, où elles habitèrent d'abord rue St.-Jean, près le pont St.-Pierre. En 1632 elles achetèrent une maison dans le Bourg-l'Abbé, et firent construire les bâtiments et l'église qui servent aujourd'hui de Casernes.

Ce fut en 1643 que les *Bénédictines* vinrent s'établir à Caen : leur couvent s'appelait *Prieuré de Bon-Secours*. Elles habitaient l'ancien collége de Loraille, rue du Tour-de-Terre. C'est aujourd'hui le temple des protestants, et la maison centrale des frères des écoles chrétiennes.

La même année, le père Eudes, sortit de la congrégation de l'Oratoire, en fonda une autre sous le titre de *Jésus et Marie*, connue depuis sous le nom d'*Eudistes*. Nous avons fait connaître déjà la fondation de leur maison. Leur séminaire ne fut établi qu'en 1652 ; et l'église fut bâtie en 1664 avec l'aide de la duchesse de Guise qui donna 12,000 livres à la congrégation.

M. Leroux de Langrie, président au parlement de Rouen, et son épouse, fondèrent le couvent de *Notre-Dame-de-la-Charité*. Ces religieuses habitèrent successivement la rue des Jacobins et la rue Neuve-St.-Jean : mais en 1656 elles acquirent dans la rue des Quais la maison qu'elles occupent encore. Les pénitentes ont un logement séparé et ne peuvent pas être reçues religieuses.

En 1658, M. Servien, évêque de Bayeux, fonda, dans la rue Guilbert, le couvent des *Nouvelles Converties*, pour servir d'asile contre l'hérésie, aux filles qui y auraient été élevées par leur famille et voudraient s'y soustraire.

Saint Louis avait établi à Caen les *Frères du Sac* ou *Sachez*, ainsi nommés à cause de leur costume fait en forme de sac. En 1268, leur couvent était rue Neuve-Saint-Jean, à la place du palais épiscopal. Leur ordre a été supprimé en 1275.

Nous avons parlé plus haut des *Béguines*. On ne connaît pas la date de leur établissement à Caen. Elles furent transférées de la rue des Croisiers au Montoir-du-Château, dans une maison qui, depuis fut appelée le *Blanc-Moustier*, à cause du vêtement de ces religieuses. Elles ont été supprimées sous Philippe-le-Bel.

ANCIENS USAGES.

Il s'est conservé à Caen et dans une partie de la Normandie, quelques anciens usages : nous mettrons d'autant plus de soin à les noter que chaque jour ils tombent en décrépitude et que bientôt ils seront entièrement oubliés.

Le jour des Rois, pendant que dans chaque famille on tire le roi de la fève, les pauvres se répandent dans les villes et dans les campagnes pour demander la *part au bon Dieu.* Voici la curieuse requête qu'ils adressent, au son de la musique, au roi éphémère de chaque famille, pour laquelle jadis prélever une part sur le gâteau était un devoir sacré.

> Bonsoir toute la compagnie d'cette maison :
> Dieu vous envoie bonne année et des biens à foison.
> Nous sommes de pays étrange venus en ce lieu
> Pour vous faire la demande de la part à Dieu.

Il est curieux de rapprocher le premier couplet du premier d'un ancien *Noël* Anglo-Normand :

> Seignore, ores entendez à nus,
> De loinz sumes venuz à wous,
> Pur quero Noël ; etc.

En Angleterre, ce lundi qui suit le jour des Rois, des laboureurs, attelés à une charrue et accompagnés d'une vieille femme ou d'un petit garçon habillé en vieille, vont de maison en maison faire une collecte. En Russie, le soir du premier jour de Noël, des troupes de jeunes gens et de jeunes filles vont de même chanter des chansons rustiques et reçoivent en récompense de petits présents.

Le Samedi saint, dans l'après-midi, et le jour de Pâques au matin, la ville de Caen et les environs présentent l'aspect le plus curieux. De tous côtés retentissent la musique et les chants. De nombreuses sociétés, munies d'instruments vont de porte en porte chanter un cantique, imitation burlesque de l'hymne *O Filii et Filiæ :* voici quelques couplets :

>Séchez les larmes de vos yeux :
>Le roi de la terre et des cieux
>Est ressuscité glorieux :
>   Alleluia !

>Donnez quelqu'chose à ce chanteur
>Qui chante les louanges du Seigneur :
>Un jour viendra Dieu vous l'rendra.
>   Alleluia !

Il est d'usage de leur donner des œufs et même de l'argent : cependant quelques-uns répondent par le couplet suivant :

>Pauvre chanteur, t'es mal venu :
>Not' poul' n'a pas encore pondu ;
>Demain viendra : not' cat pondra.
>   Alleluia !

La veille de la fête de Saint-Jean, les campagnes sont couvertes de feux allumés de tous côtés et autour desquels dansent les jeunes gens et les jeunes filles en chantant. A Caen, le curé et le trésorier de l'église Saint-Jean avaient le privilége d'allumer le feu de la Saint-Jean.

Des fêtes analogues en Russie et en Allemagne font penser que cette coutume est un reste de l'ancien culte payen du soleil. Avant la moisson avaient lieu à Rome des processions en l'honneur de Cérès, les laboureurs couraient autour des champs avec des torches allumées, pour simuler la course de cette déesse à la recherche de Proserpine.

La veille de Noël, les enfants allument des torches de résine et saluent de leurs chants la venue de Noël; puis le lendemain ils lui disent un adieu d'une année. Il paraît que cet usage vient des Saxons dont l'année commençait dans la nuit du 24 au 25 décembre et qui célébraient ainsi le commencement de leur année.

SOCIÉTÉS SAVANTES.

Caen, la *ville de sapience*, renferme plusieurs sociétés savantes, dont l'action extérieure pourrait être plus déterminée et plus sensible. L'Académie des sciences, arts et belles-lettres de Caen a été fondée, en 1652, sous la protection de M. Foucault, intendant de la province; Segrais fut un de ses soutiens. La révolution interrompit le cours de ses travaux. En 1800, le général Dugua, préfet du Calvados, la reforma sous le nom de Lycée. Mais, plus tard, elle reprit son ancien titre. L'académie ne se compose que de trente membres; tous les autres savants qu'elle juge à propos de s'adjoindre n'ont que le titre de correspondants. Avant la révolution, l'Académie avait publié quatre volumes de mémoires : quatre autres ont paru depuis sa réorganisation ; un cinquième est sous presse.

La société d'Agriculture et de Commerce fut fondée en 1761. Supprimée à la révolution, elle fut rétablie, en 1801, par les soins du général Dugua, et ouverte par un discours du célèbre chimiste Fourcroy. C'est par les soins de cette société, et surtout de M. Lair, son secrétaire, qu'ont eu lieu cinq expositions des produits du Calvados. En 1803, la seconde réunit cent deux artistes et manufacturiers ; celle de 1806 en rassembla cent quatre-vingt. La cinquième faite en 1834, a été très-brillante, et a prouvé combien l'industrie du Calvados est progressive.

En 1791, le gouvernement fonda à Caen un *conseil de salubrité*, chargé de travailler au progrès des sciences médicales. Ce corps formé des professeurs et adjoints de l'école de Médecine, ayant pris en 1802 une plus grande extension par l'adjonction de tous les membres de l'ancienne faculté de médecine, prit le nom de *Société de Médecine*. En 1825 elle a fondé un prix pour des concours qu'elle propose avec les fonds qui lui sont alloués par le conseil-général du département.

Le 7 juin 1823, MM. de Caumont, Lamouroux, Deslongchamps et Faucon, fondèrent une société destinée à donner une nouvelle impulsion à l'étude des sciences naturelles en Normandie. Elle prit d'abord le titre de *Société Linnéenne du Calvados*, qu'elle changea plus tard en celui de *Société Linnéenne de Normandie*. Elle a déjà publié cinq volumes de mémoires accompagnés de 72 planches. Elle se compose de 35 membres résidant à Caen et de 280 correspondants, parmi lesquels cent environ habitent la Normandie.

En 1823 se sont formées deux sociétés qui comprennent toute la Normandie. La première, la société des Antiquaires de Normandie, s'occupe de réunir tous les matériaux pouvant servir à l'histoire de la Normandie. Cette société a déjà publié six volumes de mémoires très-curieux et très-savants. Elle a aussi publié quatre-vingt-dix planches lithographiées, reproduisant les monuments de la province. Elle possède une collection d'antiquités, située au Pavillon. Elle se compose d'environ cent cinquante membres.

En 1826, M. Spencer-Smith fonda une société musicale, sous le titre de Société Cécilienne de Normandie; l'année suivante, elle prit le titre de Société Philharmonique du Calvados. Cette société a pour but de propager le goût de la musique et d'en faciliter l'étude. Aussi, en 1829, elle ouvrit une école gratuite de chant, dirigée par un habile professeur de notre ville, M. Saint-Germain. Cette société compte de nombreux souscripteurs. Elle donne tous les ans plusieurs concerts, dans lesquels une quête est faite pour les pauvres. En 1830, ils ont produit près de 12,000 f. En 1834, la société a décerné une médaille d'or à un mémoire sur les moyens de propager la musique en France, et surtout en Normandie. Le public a pu lire ce mémoire très-intéressant. Une nouvelle médaille est proposée pour une histoire de la musique en Normandie depuis le XIe. siècle.

En 1832, une nouvelle société fut fondée par M. de Caumont, sous le titre d'*Association Normande*. Pour faire connaître son but, nous ne pourrons faire mieux que de citer l'article premier de ses statuts : « L'Association Normande
» a pour but d'encourager les progrès de la
» morale publique, de l'enseignement élémen-
» taire, de l'industrie agricole, manufacturière
» et commerciale, etc., dans les départements
» formés de l'ancienne province de Normandie;
» elle ne fait et n'autorise rien qui puisse être en
» opposition avec les principes de la liberté
» commerciale; elle revendique tous les hom-
» mes de talent appartenant à la province, et
» s'honore de leurs travaux. » De toutes les sociétés savantes de Caen, celle-ci est la seule qui paraisse penser au public, et qui alors contienne un principe de vie; et même, bien dirigée, elle doit englober toutes les autres sociétés. Déjà l'Association Normande, pour remplir son programme, a publié, à la fin de 1834, un Annuaire des cinq départements de la Normandie, et elle continue cette publication importante et susceptible de nombreuses améliorations. Cependant il serait à désirer que les fonds disponibles pussent être employés d'une manière plus immédiatement profitable, et que les ressources de la société fussent appliquées à des fondations d'un intérêt plus *général*. L'Association Normande a déjà réuni près de 400 membres qui fournissent une cotisation annuelle de 5 fr.

En 1834, M. de Caumont, de concert avec plusieurs archéologues de diverses parties de la France, fonda une société nouvelle, sous le titre de *Société française pour la conservation et la description des monuments historiques.* Cette société publie un bulletin dont le prix d'abonnement est de 15 fr.

CONGRÈS SCIENTIFIQUE.

Depuis long-temps les savants d'Allemagne se réunissaient en congrès scientifique chaque année, et là, par des communications désintéressées, se faisaient part de leurs découvertes, et parvenaient ainsi à imprimer à la science une marche uniforme. Cet exemple vient d'être imité en France. Au mois d'avril 1833, une réunion de savants, sous le titre de Réunion de l'Ouest, s'assembla à Nantes ; ses travaux ont été très-remarquables et pourront avoir le plus grand résultat. Le 20 juillet s'ouvrit à Caen le premier congrès scientifique de France, assemblé par les soins de M. de Caumont ; il se composait de près de 200 membres. Les travaux de ce congrès, composé presque entièrement de Normands, ont été peu remarquables, parce que le plan n'était pas encore bien déterminé. La seconde session a été tenue à Poitiers, en septembre 1834. La troisième a eu lieu à Douay. Espérons que ces réunions produiront tout ce qu'on en attend et qu'elles peuvent faire.

HOMMES CÉLÈBRES.

Caen est la patrie d'un grand nombre d'hommes célèbres, parmi lesquels les limites de notre cadre nous forcent à choisir les plus notables.

Malherbe, né en 1555, mourut en 1628. Tout le monde connaît les ouvrages généralement si purs et si corrects de ce poète. Il a laissé peu de vers; mais ce sont pour la plupart des chefs-d'œuvre.

M. de Bras, sire de Bourgueville, auteur des Antiquités de Caen, est né en 1504, et mort en 1593.

Sarrazin, né à Hermanville-sur-Mer, auteur de poésies qui ont eu une assez grande célébrité, est mort en 1655.

Segrais, né le 22 août 1625, a composé des chansons, des poésies frivoles, le poème d'Athis, le roman de Bérénice et la mort d'Hippolyte, tragédie; il est mort le 15 mars 1701.

Huet, évêque d'Avranches, né en 1630, fut élève de Samuel Bochard. Il a laissé plusieurs ouvrages pleins d'érudition, entre autres, *de la Situation du Paradis terrestre*, *Histoire du commerce des anciens*, et les *Origines de la ville de Caen*. Il est mort en 1721, il recevait de Louis XIV une pension de 1,500 livres, comme grand personnage, ayant traduit Origène.

Malfilâtre, né en 1733, est mort dans le besoin en 1767. Ce poète infortuné promettait les plus brillants succès. Son ode intitulée *le Soleil fixe au milieu des planètes*, couronnée aux palinods de Caen et de Rouen, et le poème de

Narcisse, sont une preuve de la flexibilité de son talent.

Le lieutenant-général Decaen naquit en 1769. Napoléon le regardait comme un des officiers les plus capables de son armée, et le chargea de reprendre nos établissements dans l'Inde. Ce brave général fut fidèle au malheur, et ne reprit de service qu'en 1830. Il est mort en 1832.

M. l'abbé Delarue, savant antiquitaire, est auteur de plusieurs ouvrages sur l'histoire de Caen; il est mort en 1835.

COMMERCE.

Le commerce maritime de Caen est assez étendu; mais les difficultés de la rivière éloignent beaucoup de navires de ce port. On estime à 30,000 tonneaux, année commune, la quantité de marchandises qui y viennent par mer. Caen reçoit, année commune, pour six millions de café, coton, savon, sucre, huile d'olive et peaux; pour un demi-million de bois du Nord; six millions de kilogrammes de sel. L'exportation de l'huile et du colza se monte environ à trois millions, celle des autres céréales à six ou sept cent mille francs. Mais la principale source de la prospérité de Caen, sont les fabriques. La belle filature de M. Gervais occupe 90 ouvriers. Trois maisons s'occupent de la fabrication des toiles et autres étoffes de coton. Caen renferme 500 métiers à bas, et 200 ouvriers sont employés à la fabrication des gants de fil d'Ecosse. La fabrication des dentelles, des blondes et des tulles brodés fait vivre, dans l'arrondissement environ vingt mille femmes.

Il y a aussi à Caen une fabrique de tulles brodés. Les établissements pour la teinture sont assez nombreux. Il n'y a qu'une fabrique de papiers peints appartenant à M. Leflaguais, rue des Jacobins. Depuis peu de temps, deux pompes à feu ont été établies pour la fabrication de l'huile de colza, l'une par M. Faucamberge, à la Maladrerie, l'autre par M. Tillard, dans le quartier Singer. Caen possède plusieurs épurations d'huile, et on a le projet d'y établir une manufacture d'huile factice, pour l'extraction de l'huile du marc qui résulte de l'épuration. Plusieurs brasseries de bière fournissent aux besoins de la ville et des environs. Les tanneries et mégisseries de Caen sont assez connues, ainsi que la fabrique des cordes à instruments. M. Réverdy fabrique de très-bons et très-beaux chapeaux de soie. La fabrication des peignes, du plomb de chasse, l'ébénisterie et la fonte du fer, occupe un grand nombre d'ouvriers, et ajoutent aux richesses industrielles de la ville.

JOURNAUX.

Caen voit publier, 3 fois par semaine, deux journaux d'opinions différentes. Ce sont le *Pilote du Calvados*, journal de l'opposition, et le *Mémorial*, journal juste-milieu. Bien des tentatives ont été faites pour doter Caen d'un journal littéraire ; mais toutes ont été vaines.

Depuis peu d'années nous avons vu le *Journal de Caen et de la Normandie*, contenant de la littérature et les nouvelles locales, l'*Etudiant*, revue légère et piquante, le *Momus Normand*, revue légitimiste, la *Revue de Caen*, dont il n'a paru qu'un numéro, la *Revue du Calvados*, philosophique et sérieuse ; toutes sont tombées. Espérons que leurs imitateurs seront plus heureux. Il y a encore à Caen deux revues publiées par M. de Caumont, sous le titre de *Revue Normande* et de *Revue Monumentale* ; ce sont deux recueils purement scientifiques et non littéraires.

PUBLICATIONS POPULAIRES.

Les publications populaires, qui se font à Caen, sont peu nombreuses et bien mal dirigées. Ce sont de grossières gravures rouges et vertes, représentant le *Juif-Errant* et autres choses semblables, des complaintes, des almanachs, farcis de contes absurdes. L'Annuaire des cinq départements est le seul ouvrage remarquable ; mais, par sa spécialité, il ne saurait convenir au peuple. Il serait à désirer qu'une société entreprît de publier, pour le peuple, des ouvrages utiles, moraux et à bon marché, comme à Nantes une société l'a fait pendant quelque temps.

COURS PUBLICS.

Outre les cours des facultés, Caen possède en cours publics un cours de dessin et d'architecture, un cours d'instruction élémentaire pour les ouvriers. Mais on n'a pas encore tenté, comme dans les autres villes, des cours publics de mécanique, de physique, d'histoire, mis à la portée de la classe moyenne.

INSTRUCTION PRIMAIRE.

A Caen, l'instruction primaire et gratuite est confiée également à l'école mutuelle et aux frères des écoles chrétiennes. Cette rivalité a produit les meilleurs effets. Les écoles chrétiennes suivent la méthode simultanée. En 1833, sur 285 jeunes gens soumis à Caen à la loi du recrutement, il s'en est trouvé 16 sachant lire, 206 sachant lire et écrire, 61 ne sachant ni lire ni écrire, et 2 que l'on n'a pu vérifier. Il n'y a à Caen qu'un habitant sur 18 qui fréquente les écoles primaires.

L'enseignement mutuel, situé dans les bâtiments de la mairie, instruit beaucoup d'élèves. Les écoles chrétiennes, situées rue de Geole, ont des classes dans divers quartiers. En 1833, 750 élèves y recevaient l'éducation. En 1834, les frères des écoles ont reçu une médaille d'argent de l'Académie de Caen ; et, en 1832, le directeur de l'école mutuelle, feu M. Jouanne, reçut le même honneur. Une école primaire, pour les filles, est dirigée avec le plus grand talent par mademoiselle Montaizu, honorée, en 1833, d'une mention honorable par l'Académie.

Il y a à Caen quatre écoles de premier degré onze de deuxième degré, trois de troisième de gré, trois écoles mutuelles, onze simultanées, quatre individuelles qui sont fréquentées en hiver par 1,623 élèves et en été par 1,517 élèves.

On doit aux soins de M. Saint-Germain, professeur de chant de la société philharmonique, un *conservatoire de musique*, où cinquante jeunes gens reçoivent des leçons de musique. Le conseil-général du département et le conseil municipal ont voté des fonds pour cet établissement appelé à avoir une si grande influence sur l'étude de la musique dans notre pays. De plus le dévoué professeur a ouvert dans son établissement rue de la Fontaine des cours gratuits d'enseignement primaire de premier degré, suivis par plus de 200 ouvriers.

STATISTIQUE JUDICIAIRE.

La Normandie, et surtout Caen, passe pour le pays de la chicane; mais on fait peu attention au grand commerce de ce riche pays. Il est bon de faire connaître le nombre de procès fournis par Caen. Le tribunal civil de Caen a deux chambres; au 1er. août 1830, il y avait à juger 96 affaires, puis 963 furent inscrites au rôle pendant l'année judiciaire: en tout, 1,059. De ce nombre 994 ont été terminées en 1831, et 65 restaient à juger au 31 août 1831. Le même tribunal avait rendu 145 arrêts en matière correctionnelle. Pendant l'année judiciaire 1830—31, le tribunal de commerce séant à Caen a été saisi de 1,157 affaires. Depuis le 1er. janvier 1817 jusqu'au 31 décembre 1826, 90 faillites ont été ouvertes; sur ce nombre 14 faillis se sont absentés sans reparaître, 4 ont été soumis à des poursuites correctionnelles, et 8 à des poursuites criminelles. Deux de ces faillites offraient un passif de 3 à 400,000 fr. Quant à la justice criminelle en 1832, le Calvados a fourni à la cour d'assises séant à Caen 117 accusés, dont 35 ont été acquittés, 54 condamnés à des peines infamantes et 28 à des peines correctionnelles. Quant à l'instruction, on la divise en trois classes : ceux âgés de moins de 21 ans, ceux de 21 à 40, ceux de 40 et plus. Dans la première classe 15 ne savaient ni lire ni écrire, 25 savaient lire et écrire imparfaitement ; dans la seconde classe, 32 ne savaient ni lire ni écrire, 25 savaient lire et écrire imparfaitement et 12 bien lire et bien écrire, dans la troisième, 14 ne savaient ni lire ni écrire, 11 lire et écrire imparfaitement et 4 bien lire et écrire. Enfin le Calvados a fourni un accusé sur 4,228 habitants.

SALLES D'ASILES.

Les salles d'asiles sont des établissements où les enfants pauvres au-dessous de sept ans sont reçus gratuitement tous les jours depuis le matin jusqu'au soir, excepté les jours de fêtes. Là, ils trouvent tous les soins physiques, moraux et intellectuels nécessaires à leur âge. Des souscriptions pour la fondation d'une de ces salles à Vaucelles, ont été réunies par les soins de M. Roger de la Chouquais, président de chambre à la cour royale. Les bons résultats de ce premier essai vont décider l'établissement d'une seconde salle dans un autre quartier.

COUP D'ŒIL GÉNÉRAL.

La ville de Caen renferme 39,140 habitants, sans compter les étrangers, et jouit d'un revenu annuel de 572,290 fr. environ. En 1835 le mouvement de la population a eu lieu de la manière suivante : Naissances : 1,061, décès : 1,023, mariages : 310.

L'arrondissement de Caen renferme 9 cantons, 193 communes et 135,502 habitants. En 1834, les patentes ont rapporté dans cet arrondissement 153,578 fr. 15 c., et en 1829 elles n'avaient produit que 126,793 fr. 56 c. Cet arrondissement paie 1,471,243 fr. 12 c. d'impôt foncier ; 187,674 fr. 84 cent. de portes et fenêtres ; 327,315 fr. 85 c. de personnel et mobilier.

ENVIRONS DE CAEN.

Cette notice doit être contenue dans les limites les plus étroites : car une description complète des environs de Caen nécessiterait un ouvrage spécial et assez étendu.

Allemagne. — Cette commune se divise en *haute* et *basse* Allemagne. Dans la Haute-Allemagne sont des carrières qui fournissent beaucoup de belles pierres et ces beaux pavés connus au loin sous le nom de *pavés de Caen.* Dans les carrières se trouvent beaucoup de fossiles et principalement des crocodiles. Il y a quelques années on a trouvé dans une d'elles, une tête d'homme, un fer de lance et une pièce de monnaie à l'effigie de Charles-le-Chauve. De ces carrières situées au haut d'une côte escarpée dont le pied est baigné par l'Orne, on jouit d'un coup d'œil magnifique. La Basse-Allemagne n'a point de carrières, mais son église de construction saxonne, est digne de remarque, surtout à cause des sculptures dont elle est ornée. La commune d'Allemagne a 890 habitants. Elle fait partie du canton Est de Caen.

Ardennes. — Dans cette petite commune voisine de Caen, était jadis une célèbre abbaye fondée en 1121 par un habitant de Caen. Dans le XIIIe. siècle, la voute de l'église s'affaissa subitement : l'abbé et 25 religieux furent tués. Charles V y logea en 1450, lorsqu'il vint faire le siége de Caen. Il reste peu de chose de cette belle abbaye, transformée aujourd'hui en une vaste ferme.

Argences. — Ce bourg, de 1574 habitants, est célèbre dans la Basse-Normandie par le seul vignoble qui s'y trouve : il fut apporté de Guïenne par les Anglais. Ce vin jouissait jadis d'une grande réputation : il paraît, au reste, que nos pères n'étaient pas délicats pour le vin, puisque les rives de la Seine si humides et si froides étaient couvertes de vignobles. Henri IV, lorsqu'il passa par Caen, goûta ce vin, et fut très-surpris que de si bon raisin fît de si mauvais vin. Depuis, bien des tentatives ont été faites pour l'améliorer, mais elles ont été vaines. Argences fournit de très-bon miel, et a une manufacture de noir-animal. Ce bourg est à quatre lieues de Caen.

Colleville. — Cette commune du canton de

Douvres, au bord de la mer, compte 709 habitants. Dans cette commune se trouve une baie connue sous le nom de Baie de Colleville; ce port naturel, défendu par deux redoutes, est garanti des flots par l'extrémité des rochers du Calvados. C'est dans cette baie, qui a une grande profondeur, que quelques personnes voudraient faire déboucher le nouveau canal que l'on projette depuis si long-temps de Caen à la mer.

Courseulles. — A l'embouchure de la Seulle, dans le canton de Creully, se trouve le petit port de Courseulles. Depuis quelques années des travaux considérables ont été entrepris par M. Gaugain pour construire à Courseulles des quais et un bassin de flot. Ce dernier n'est pas encore terminé; mais il pourra prochainement recevoir des navires, et déjà de vastes magasins se construisent sur ses bords. Ce port est destiné à vivifier Courseulles ; car déjà plusieurs négociants de Caen sont résolus à y faire leurs chargements et déchargements, pour éviter les embarras de l'Orne. Les huîtres forment le principal commerce de Courseulles, qui possède près de 200 parcs. On évalue à 60,000,000 celles que l'on parque chaque année dans ce port ; ce qui, à 8 fr. le mille, donne par an une somme de 480,000 fr. environ. Une partie de ces huîtres se transporte à Paris par accéléré en trois jours, dans des paniers appelés cloyères. Courseulles paraît avoir été le lieu d'une station romaine, car dans les travaux du port on a découvert des vestiges de l'habitation des Romains dans ce pays : entre autres un trépied et une amphore que l'on voit au Musée d'histoire naturelle de Caen. Courseulles, éloigné de 6 lieues de Caen, est dans l'été le but de nombreuses promenades. On trouve un très-bon restaurant à l'Ile de Plaisance, dans de jolis jardins *pour le lieu*. Il y a à Courseulles 1445 habitants, dont la plupart sont occupés à la pêche des huîtres, des harengs, de la morue.

Creully — Chef-lieu du canton de ce nom, Creully renferme 1023 habitants. Dans ce bourg on remarque l'ancien château dont une partie des fortifications subsiste encore. Ce château, dans une position très-pittoresque, sur le penchant d'un côteau, domine une charmante vallée. L'intérieur est très-curieux sous le rapport de l'antiquité. La halle se tient dans les anciennes dépendances du château. Une colonne de construction originale, élevée devant l'église, pour servir de puits, mérite d'arrêter un instant l'attention. Creully est à 4 lieues de Caen.

Evrecy. — Ce gros bourg, à 3 lieues de Caen, possédait une abbaye qui a été détruite par les Saxons. En 1346, il a été brûlé par Edouard III, roi d'Angleterre, puis en 1811, comme si sa destinée eût été d'être toujours détruit par le feu, il fut entièrement dévoré par un vaste incendie. Napoléon accorda de suite 100,000 fr. pour sa reconstruction. Evrecy, chef-lieu du canton de ce nom, a 839 habitants.

Fontenay-le-Pesnel. — Dans cette commune était une abbaye célèbre, fondée au XIe siècle ; à la Révolution on y voyait la statue du fondateur. Aujourd'hui il en reste peu de chose. La commune de Fontenay, canton de Tilly-sur-Seulle, a 833 habitants.

Frénouville. — Cette commune du canton de Bourguébus, voisine de la route de Paris à Caen, a 418 habitants. En 1804, on y a découvert à 25 pieds de profondeur, et à une distance à peu près égale de la route de Paris, une colonne millière, érigée en l'an 98.

Harcourt. — Dans l'arrondissement de Falaise se trouve Harcourt, chef-lieu de canton, à six lieues de Caen. Ce bourg est dans une situation des plus pittoresques, au bord de l'Orne, sur un mamelon dominé de tous côtés par des côtes plus élevées. Là est le château des anciens ducs d'Harcourt, si célèbres dans l'histoire, appartenant aujourd'hui au prince de Beauvau. Ce château est magnifique; on y remarque une belle galerie de tableaux, parmi lesquels il s'en trouve de Poussin. Harcourt a 1005 habitants.

Hérouville. — Cette commune du canton Est de Caen paraît avoir été le lieu d'une station romaine assez importante. En 1751 on découvrit dans cette commune un caveau renfermant un grand nombre de monnaies romaines. En 1835, on y a découvert les fondations d'un vaste édifice que l'on a reconnu être de construction romaine à la forme des briques qui y ont été trouvées. La façade de cet édifice, qui offre un grand développement, se compose d'un péristyle au milieu, et est flanqué d'un pavillon en saillie à chaque extrémité. A l'intérieur, le bâtiment est divisé en compartiments de diverses grandeurs, sous l'un desquels on a trouvé les cendres d'un foyer. Le sol est recouvert, dans certaines parties, d'une couche de ciment. Quel a été l'usage de cet édifice, quel est son fondateur, quelle est l'époque de sa fondation? Ce sont des questions que nos antiquaires normands résoudront peut-être un jour. Près d'Hérouville est une fontaine, à laquelle le peuple attribue des vertus miraculeuses. Jadis la route de Caen à Rouen passait par Hérouville, et l'on traversait l'Orne au bac de Collombelles. Hérouville compte 591 habitants.

Lion. — Cette commune du canton de Douvres, est comme toutes celles qui bordent la mer, peuplée de pêcheurs ; elle renferme 1,063 habitants. Nous l'eussions passée sous silence, si l'on n'y voyait pas les ruines pittoresques d'un ancien château. Ces ruines qui d'un certain endroit se découpent sur la mer, ont souvent été reproduites par la peinture.

Louvigny. — Louvigny est situé à une petite lieue de Caen, au bord de l'Orne, à l'extrémité de la prairie que borde le grand Cours. C'est une des plus agréables promenades des environs de Caen ; il y a un très-beau château entouré de superbes plantations qui s'étendent à près d'une demi-lieue. Dans l'été Louvigny est le but des promenades fréquentes des ouvriers, qui vont là faire collation sur l'herbe. La commune de Louvigny, qui fait partie du canton Ouest de Caen, réunie à celle d'Athis a 608 habitants.

Luc. — Dans la commune de Luc, près de Douvres, est la célèbre chapelle de Notre-Dame de la Délivrande. Cette chapelle existait depuis longues années, dit la légende, lorsqu'en 830 les barbares descendirent dans les Gaules : Raoul, duc de Normandie, se joignit à eux, et de concert, ils massacrèrent les fidèles, profanèrent et brûlèrent les églises. La chapelle de la Délivrande n'échappa pas à ce fléau. L'image de la Vierge resta ensevelie dans les ruines de la chapelle jusqu'au règne de Henri Ier., duc de Normandie. Alors en 1331, Baudoin, baron de Douvres, averti par son berger qu'un mouton de son troupeau fouillait toujours au même endroit, fit ouvrir la terre et trouva ce trésor caché depuis tant d'années. Il fit porter processionnellement cette sainte image dans l'église de Douvres ; mais Dieu permit qu'elle fût transportée par un ange à l'endroit où elle avait été trouvée et où Saint Regnobert fit construire la chapelle que nous voyons. En 1471, elle fut visitée par Louis XI. Les protestants, en 1562, ne l'épargnèrent pas ; 93 vint et la ravagea. Depuis il ne fut pas besoin d'une brebis inspirée pour la retrouver ; mais bien de la main d'un préfet ; et les miracles continuent comme devant. Entre les plus notables on cite les suivants : — Des matelots avaient été attachés avec des chaînes au fond de leur navire pris par les Turcs ; ils eurent recours à Notre-Dame de la Délivrande et furent délivrés ; — En 1786 des matelots près de périr dans une tempête s'adressèrent à l'*Etoile des Mers* et furent sauvés ; — En 1818 Mlle. Dufresne d'Hérouville fut guérie par un vœu à Notre-Dame. Lors de l'invasion du choléra, ce fut l'intercession de la Vierge qui arrêta les ravages de ce fléau. Cette chapelle jouit d'une telle réputation que de toutes les parties de la province des pélerins accourent, en mendiant la somme nécessaire pour faire dire des messes. Depuis quelques années il a été fondé à la Délivrande une espèce de séminaire ou de congrégation religieuse.

Si de la Délivrande nous allons jusqu'à Luc, le spectacle change. Là, c'est de la mer que nous devrions nous occuper : mais qu'en dire que l'on n'ait pas déjà répété avec satiété ? Aussi nous bornerons-nous à engager le voyageur à aller la voir des salons de l'*hôtel du Grand-Orient*. Là, il pourra contempler ces beaux couchers de soleil brumeux, pleins de langueur et de poésie, surtout si, pendant la mer basse, une population à costumes aussi pittoresques que la plage qu'elle habite, s'empresse autour de quelques bateaux de retour de la pêche. Alors il se rappellera les beaux tableaux des Gudin, Isabey, Lepoitevin qu'il a pu admirer à Paris. Il se rappellera ces vastes plages de sable humide, reflétant les objets qui la parcourent, ces bateaux penchés sur le côté, ces voitures allant recevoir les marchandises apportées par le navire, puis çà et là un pêcheur en *vareuse*, armé d'un croc et pêchant des crabes ou autres coquillages, et au fond, l'horizon coloré de pourpre par le soleil se plongeant dans les vapeurs et les ondes de l'Océan. Vous à qui ces beaux spectacles sont inconnus, allez donc habiter le bord de la mer : allez-y pendant l'été ; car alors si votre santé est délabrée, les bains de mer la rétabliront. Luc, à trois lieues de Caen, a une population de 1,969 habitants.

Maltot. — Maltot, situé sur les bords de l'Orne, en amont de la rivière, à une lieue et demie de Caen, est dans l'été le but de fréquentes promenades. On suit en bateau les bords de l'Orne qui dans cette partie sont des plus pittoresques ; et le rendez-vous a lieu dans un joli bois sur une colline. Ce village, dans le canton d'Evrecy, compte 347 habitants.

Mathieu. — Cette commune du canton de Douvres est la patrie de J. Marot, père du poète Clément Marot et du chimiste Rouelle, né en 1703. C'est déjà plus qu'il n'en faut pour la rendre digne de mention. Mais on remarque aussi son église et son bénitier qui sont fort anciens ; puis un ruisseau nommé *Vitouard.* C'est une espèce de fontaine intermittente : pendant plusieurs années elle cesse de couler, puis tout-à-coup l'eau s'élève en bouillonnant et inonde tous les alentours. Ces débordements sont regardés par les habitants comme un triste présage pour la moisson suivante. Il se trouve des fontaines semblables dans les environs de Caen, à Douvres, à Anisy et à Ernes. A deux lieues de Caen : 827 habitants.

Ouistreham. — Ce village situé à l'embouchure de l'Orne, offre peu de choses remarquables, si ce n'est son église de construction normande et son nom saxon présumé signifier *village occidental.* Ce village a donné le jour à

Michel Cabieux, qui mérite plus de célébrité qu'il n'en a eu. Au mois de juillet 1762, plusieurs vaisseaux anglais louvoyaient en vue des côtes de la Basse-Normandie, guettant un convoi de treize bâtiments chargés de bois et d'artillerie, qui, mouillés à l'embouchure de l'Orne, attendaient le moment favorable pour mettre à la voile. La côte était dégarnie, et les Anglais en étaient instruits. Aussi le 12 juillet au soir ils tentèrent une descente. Mais Michel Cabieux, sergent des gardes-côtes, s'aperçoit du débarquement de la troupe : Qui vive s'écrie-t-il et il tire son coup de fusil. Alors sans perdre de temps il court de poste en poste le long de la côte, tirant toujours des coups de fusils et répétant son qui vive ! Les Anglais se voyant découverts hésitent : Cabieux qui s'en aperçoit s'élance sur un pont voisin du lieu de débarquement, adresse à haute voix divers commandements à la troupe qui est sensée le suivre, frappe des pieds sur les planches du pont pour imiter le défilé de la troupe et se met à battre la charge avec une caisse qu'il trouve là. A ce bruit les Anglais se rembarquèrent précipitamment, abandonnant un officier blessé qui fut sauvé par le brave sergent. Les habitants saluèrent Cabieux du titre de général qu'il conserva depuis. La république lui décerna une couronne civique. Cabieux est mort le 4 décembre 1804. A 3 lieues de Caen, 1,162 habitants.

Outrelaize. — Ce hameau est situé dans la commune de Gouvix, canton de Bretteville-sur-Laize, arrondissement de Falaise. Bien que d'après notre plan, nous ne devions point sortir de l'arrondissement de Caen, néanmoins le peu de distance de cet endroit, situé à quatre lieues seulement de Caen, nous a engagé à signaler le beau château de M. Héracle de Polignac. Ce château, situé dans une vallée des plus accidentée, arrosée par la Laize qui traverse les jardins, offre les points de vue les plus enchanteurs. C'est dans ce beau domaine que M. de Polignac se livre à l'éducation des moutons mérinos : la *pile* d'Outrelaize est de six à à sept mille têtes. A l'exposition de 1834, il a obtenu un rappel de médaille d'or.

Tailleville. — Dans cette petite commune du canton de Douvres, voisine de Courseulles, se voit le tracé d'un ancien camp romain. 114 habitants.

Tilly-sur-Seulles. — Ce bourg, chef-lieu de canton, n'est remarquable que par un joli château et des sites assez pittoresques. La fête patronale de Tilly, tombe le premier lundi de juillet. Il s'y vend une grande quantité de tourteaux, homards, etc.

Troarn. — Ce bourg, situé à trois lieues de Caen, sur la Dives, est le chef-lieu du canton de ce nom. Il y avait jadis à Troarn une riche abbaye, fondée dans le XIe. siècle. Le corps de Mabille, mère de Robert de Bellême, fut enterré à l'abbaye de Troarn vers 1088. En 1417 elle fut assiégée par les Anglais qui la prirent et la pillèrent. Il y a quelques mois on a trouvé dans un pan de mur de cette abbaye, une soixantaine de pièces de cuivre assez anciennes ; mais jusqu'ici on ne s'est pas occupé de leur assigner une date. Les marais de Troarn jouissent d'une grande réputation parmi les chasseurs. On fait venir le nom de Troarn d'un mot saxon qui signifie *lieu humide* ou d'un autre qui signifie *fleuve rapide*. Nous laissons le choix aux étymologistes. 892 habitants.

Vieux. — Vieux, dans le canton d'Evrecy, a été une station romaine. A la fin du XVIIe. siècle, on y découvrit des ruines de maisons, un amphithéâtre, des inscriptions et des médailles depuis les premiers Césars jusqu'aux fils de Constantin, et un chemin militaire, attribué à Guillaume-le-Conquérant par quelques-uns. Depuis on y a trouvé plusieurs fragments de statue, et une mosaïque. Cette dernière n'a pas été conservée : on l'a recouverte de suite. Il existe à Vieux une carrière de marbre qui a servi au cardinal de Richelieu à la construction de la chapelle de la Sorbonne à Paris. 575 habitants.

FOIRES

DE L'ARRONDISSEMENT DE CAEN.

Janvier.

8 Villers-Bocage.

Février.

3 La *Chandeleur*, Douvres.

Mars.

17 Argences (2 jours).
26 Villers-Bocage.

Juin.

30 Villers-Bocage.

Juillet.

18 Banneville-sur-Ajon.
22 La *Madeleine*, Tilly-sur-Seulle.

Août.

27 Villers-Bocage.

Septembre.

29 *Saint-Michel*, Caen.

Octobre.

18 Argences (2 jours).
28 *St.-Simon et St.-Judes*, Caen.

Décembre.

28 Caen.

FOIRES MOBILES.

Premier mercredi de chaque mois, Creully.
Premier lundi de Carême, Caen.
Deuxième lundi de Carême, Tilly-sur-Seulle.
Lendemain de la Mi-Carême, Caen.
Vendredi-Saint, Caen.
Mercredi de Pâques, Troarn.
Dimanche après la Quasimodo, Caen (foire franche, 15 jours).
Lendemain de la Trinité, Caen.
Premier lundi de juillet, Tilly-sur-Seulle.
Jeudi après la Nativité, Evrecy.
Premier lundi de novembre, Tilly-sur-Seulle.

MARCHÉS HEBDOMADAIRES

DE L'ARRONDISSEMENT DE CAEN.

Lundi, Caen et Tilly-sur Seulle.
Mercredi, Creully et Villers-Bocage.
Jeudi, Argences, Bretteville-l'Orgueilleuse et Evrecy.
Vendredi, Caen.
Samedi, La Délivrande (hameau de Douvres), Troarn.

CANAL LATÉRAL.

Nous apprenons à l'instant que le gouvernement paraît enfin décidé à faire un canal de Caen à la mer. La ville a fait savoir au ministre du commerce qu'elle était disposée aux plus grands sacrifices. Dieu soit loué !

De plus, un bateau à vapeur de 80 chevaux et 120 pieds de long va faire le service de Caen au Havre.

DEUXIÈME PARTIE.

INDICATEUR

DE LA

VILLE DE CAEN.

DEUXIEME PARTIE.

Administration. — Garde nationale. — Tribunaux. — Instruction publique. — Sociétés savantes. — Postes. — Diligences.

PRÉFECTURE.

M. Target, O. ✻, *préfet.*
M. Legrip ✻, *conseiller, remplissant les fonctions de secrétaire-général.*

CONSEIL DE PRÉFECTURE.

MM. Lair ✻ ; Legrip ✻, *avocat ;* F. Boisard ✻, *avocat ;* Marc fils, *avocat ;* Demorieux, *avocat.*

Les bureaux de la préfecture, rue de la Préfecture, sont ouverts au public depuis onze heures jusqu'à deux, les lundis et les vendredis. Les audiences du préfet sont les mêmes jours, depuis midi jusqu'à trois heures dans le même local. Les passeports sont remis au concierge, qui en fait la remise tous les jours à quatre heures.

DÉPUTÉS DU CALVADOS.

MM. Chatry-Lafosse, C. ✶ (Caen), rue Montholon, 16.

Comte de Tilly, C. ✶ (Caen), rue Grenelle-St.-Germain, 15.

Fleury ✶ (Falaise), rue Godet-de-Mauroy, 28.

Guizot, O. ✶ (Lisieux).

Thil ✶ (Pont-l'Evêque), rue Vaugirard, 50.

Deshameaux, O. ✶ (Bayeux), rue Neuve-St.-Augustin, 52.

Rocherullé-Deslongrais (Vire), rue du Port-Mahon, 9.

M. Lecarpentier, à Honfleur, *membre du conseil-général du commerce.*

CONSEIL-GÉNÉRAL DU DÉPARTEMENT.

Arrondissement de Caen : MM. Lefèvre-Dufresne ✶, *ancien maire de Caen ;* Durand, *notaire à Caen ;* Delacourt, *propriétaire à Paris ;* Lehodey, *maire d'Hermanville ;* De Banneville; Simon père, *avocat ;* Lebreton, *maire d'Evrecy.*

Arrondissement de Bayeux : MM. Gourdier-Deshameaux, Lance, Le comte d'Houdetot, Joret-Desclozières, Bechevel.

Arrondissement de Falaise : MM. Fleury, *député ;* Bazire père, Leclerc, Dubois.

Arrondissement de Lisieux : MM. Leroy-Beaulieu, Labbey, Legrand, d'Hacqueville.

Arrondissement de Pont-l'Evêque : MM. Isabelle-Desparres, Decourdemanche, Thil, *député;* Lecarpentier.

Arrondissement de Vire : MM. Rocherullé-Deslongrais, *député;* de Pontécoulant, Youf, Poupion, Morin, Desaigremont.

CONSEIL D'ARRONDISSEMENT DE CAEN.

MM. Duparc-Lemaître, *maire de Saint-Martin-de-Fontenay;* Fourneaux, *médecin à Caen;* Binard, *avocat-général;* Alp. Brébam ; Blot, *médecin à Colleville;* de Saint-Fresne, *médecin à Caen;* Raoul de Laistre, *maire de Collombelles;* Marie, *avocat à Caen;* Georges Simon, *idem.*

CONSEIL D'AGRICULTURE DU DÉPARTEMENT.

MM. de Mathan, *à Chicheboville;* Lefèvre-Dufresne, *ancien maire de Caen;* Signard (Fréd), *à Lébisey;* Angoville (Victor), *à Bréville;* Bonbain, *à Caen;* Lelièvre (Louis), *à Creully;* Dutardel, *à Bénouville;* Lamy (Laurent), *maire de Carpiquet;* Lefrançois, *à Cheux;* Lebarillier, *maire d'Herouville;* Véraquin d'Avrilly, *à Noyers;* Ledars, *à Eterville;* Londe, *à Flerville;* Vautier, *maire de St.-Louet, près Authie;* Lehodey, *id. d'Hermanville.*

Architecte du département : M. Harou-Romain, rue des Jacobins.

MAISON CENTRALE DE DÉTENTION.

MM. Diey ✠, *directeur ;* Lambert, *sous-directeur ;* Gauquelin, *inspecteur ;* Groscol, *greffier comptable* ; Foucher, *secrétaire id. ;* Raisin, *médecin*, rue au Canu ; Sergent, *pharmacien ;* Jardin, *fournisseur*, place Royale.

MAIRIE DE CAEN.

M. Donnet, *maire*, place St.-Sauveur.

Adjoints : 1er. M. de Bernetz, rue des Quais ; 2e. M. Levardois, *avocat*, rue du Milieu ; 3e. M. Lequéru, *doct.-méd.*, rue des Carmélites.

M. Lebailly, *secrétaire en chef*, Hôtel-de-Ville.

CONSEIL MUNICIPAL.

MM. Ameline, *avocat*, place St.-Sauveur, 22 ; Bacot, *négociant*, place Royale ; Bayeux, *avocat*, place St.-Sauveur, 14 ; Bertauld ✠, *procureur-général*, rue Neuve-des-Carmelites ; Bouillie aîné, impasse de la Fontaine ; Coursanne (Léon de), place Royale ; Courty, *avocat*, rue St.-Nicolas ; de la Chouquais ✠, *président à la cour royale*, rue des Carmes ; Denize, *propriétaire*, rue des Capucins ; Deslongchamps ✠, *président du tribunal civil*, rue de l'Odon ; Durand, *notaire*, place St.-Sauveur ; Faucamberge, *négociant*, à la Maladrerie ; Fayel, *pharmacien*, montoir de la Poissonnerie ; Foucher (Georges) ; Fourneaux, *médecin*, rue Guilbert ; Hamard, *négociant ;* d'Héricy, *propriétaire*, rue St.-Jean ; Jobert (St.-Edme), *négociant*, rue Guilbert ; Lapersonne. O. ✲, *chef de bataillon de la garde nationale*, place de la Préfecture ; Lecavelier (Pierre), *négociant*, rue Guilbert ; Lecerf, *avocat, professeur en droit*, rne de Geòle, 40 ; Luard-Lafinal, *propriétaire*, rùe de Falaise ; Lemanissier, *mercier*, rue Notre-Dame ; Poignant, *notaire*, rue Ecuyère, 44 ; Prempain, *marchand de fer*, place de la Petite-Boucherie ; Ravenel, *négociant*, impasse Gohier ; Regnault, *conseiller à la cour, lieutenant-colonel de la garde nationale*, rue de la Chaîne ; de Rochebrune, O. ✲, *négociant*, rue des Teinturiers ; Seigneurie, *propriétaire*, rue de Geôle ; Simon (Georges), *avocat*, rue Ecuyère ; Thomine-Desmazures, *avocat*, rue de Geôle ; Vautier, *marchand de fer*, rue St.-Jean.

Receveur municipal : M. Desurosne, rue Guilbert.

Architecte de la ville : M. Guy, rue Singer. — Ses bureaux sont à l'*Hôtel-de-Ville.*

COMMISSION ADMINISTRATIVE DES HOSPICES.

MM. Donnet *maire*, *président ;* Lentaigne-Logivière ✲, rue St.-Etienne ; Delacodre père, place St.-Sauveur, 28 ; Deslongchamps ✲, *président du tribunal civil*, rue au Canu ; Duclos-Leblanc, rue Ecuyère ; Guilbert, *banquier*, rue du Moulin ; Grouet, *délégué*, rue Basse ; Ducheval, *contrôleur*, rue St.-Louis ; Trouvé, *médecin en chef;* Durand, *trésorier*, rue des Cordeliers; Martin, *inspecteur des enfants trouvés*, rue de Bernières.

COMMISSION SANITAIRE.

MM. Donnet, *maire, président;* de Saint-Fresne, *docteur-médecin,* rue Saint-Jean, 120; Trouvé ✻, *id.*, rue des Carmes; Lesauvage, *id.*, rue de Bernières; Thierry, *professeur de chimie*, rue de Geôle; Decourdemanche, *pharmacien*, rue Froide; Regnault, *capitaine de port*, rue des Carmes; Mottey, *capitaine au long cours*, rue des Quais; Lecerf, *avocat*, rue de Geole, 40; Vautier (Urbain), *négociant*, rue St.-Jean; Jobert aîné, *négociant*, rue Guilbert; Lebailly, *secrétaire*.

Membres de droit: MM. le lieutenant-général, le commissaire de marine, l'inspecteur des douanes, le sous-intendant militaire.

CAISSE D'ÉPARGNES.

MM. Donnet, *maire;* Lecerf, *conseiller municipal;* Ch. de Préfeln, *avocat-général;* de la Chouquais, *président à la cour royale, conseiller municipal;* Lair, *conseiller de préfecture;* Levardois, *adjoint;* de Boislambert, *avocat;* Bouillie, *conseiller municipal;* Thomine, *id.;* Durand, *id.;* Delacodre père; Bertauld, *procureur-général, conseiller municipal;* Fourneaux, *conseiller municipal;* de Saint-Fresne, *conseiller du département;* Hérault, *ingénieur des mines.*

Les bureaux sont ouverts le dimanche à dix heures.

COMMISSAIRES DE POLICE.

1er. *Arrondissement* : M. Gremillet, rue Froide ; 2e. M. Violard, rue Saint-Jean, 142 ; 3e. M. Bichot, rue du Vaugueux ; 4e. M. Picot, rue Saint-Martin.

OCTROI.

MM. Berthellemy, *préposé en chef*, rue Saint-Jean, 214 ; Leger, *controleur en chef* ; Lamenille, *contrôleur*, rue Ecuyère ; Leger, *id.*

POIDS ET MESURES.

MM. Lecomte, *vérificateur* ; Bénard, *aide-vérificateur*.

BUREAU DE GARANTIE DES MATIÈRES D'OR ET D'ARGENT, A LA MAIRIE.

Ce bureau est ouvert les mercredi et vendredi de chaque semaine, depuis 10 heures jusqu'à midi, pour les essais à la coupelle, et depuis midi jusqu'à 2 heures, pour le contrôle.

MM. Beaume Willemin, *contrôleur* ; Desurosne, *receveur* ; Nicolas, *essayeur*.

BIBLIOTHÈQUE.

La bibliothèque est ouverte tous les jours depuis 10 heures jusqu'à 3 heures, excepté les dimanches et fêtes et le mois de septembre.

MM. Hébert, *conservateur*, rue de Geôle, 34 ; Ancelle, *employé*, rue au Canu, 16.

MUSÉE DE PEINTURE.

Le musée de peinture est ouvert le mardi et jeudi de chaque semaine, depuis 11 heures jusqu'à 2 heures.

M. Ellouis, *conservateur*, à l'Hôtel-de-Ville.

MUSÉE D'HISTOIRE NATURELLE.

Ce musée est ouvert les mêmes jours et aux mêmes heures que le musée de peinture.

MM. de Magneville, *directeur*, rue Guilbert, 42 ; Chauvain, *conservateur*, rue des Chanoines, 28.

COURS PUBLIC DE DESSIN ET D'ARCHITECTURE.

MM. Ellouis, *professeur de dessin* ; Guy, *professeur d'architecture*.

ÉCOLE NORMALE D'INSTRUCTION PRIMAIRE.

M. Anne, *directeur*.

ÉCOLE GRATUITE D'ENSEIGNEMENT MUTUEL.

M. Houlier, *directeur*.

(135)

CONSERVATOIRE DE MUSIQUE.

M. Saint-Germain, *directeur*, rue du Moulin, *professeur*.

GARDE NATIONALE.

MM. de Tilly, C. ✣, *colonel*, rue des Carmes; Regnault, *lieutenant-colonel*, rue de la Chaîne; Lelarge, *chirurgien-major*, impasse Gohier; Regnault, *capitaine d'armement*; Durand, *major*; de Rigny, *officier payeur*, Barrière, *chef de musique*; Luard, *tambour-major*.

1ᵉʳ. BATAILLON.

MM. Marie (Auguste), *chef de bataillon*, rue du Moulin; Lèbe-Legigun, *adjudant-major*, rue Neuve-Saint-Jean; Mondehard, *porte-drapeau*, rue de Geôle; Lafosse, *chirurgien, aide-major*, rue de l'Oratoire; Tassilly, *adjudant sous-officier*, rue Saint-Jean.

2ᵉ. BATAILLON.

MM, Paris ✣, *chef de bataillon*, rue Bicoquet; Michel, *adjudant-major*, Porte-au-Berger; Hamard-Lebreton, *porte-drapeau*, rue Froide; Vastel, *chirurgien, aide-major*, rue Saint-Louis; Loriot, *adjudant sous-officier*, rue des Croisiers.

3ᵉ. BATAILLON.

MM. Lapersonne, O. ✻, *chef de bataillon*, place de la Préfecture ; Manoury, *adjudant major*, rue Ecuyère, 21 ; Mottelay, ✻, *porte-drapeau*, rue du Moulin ; Heuzey, *chirurgien, aide-major*, rue des Quais ; Hommaie, *adjudant sous-officier*, rue Bosnière.

4ᵉ. BATAILLON.

MM. Renouf, O. ✻, *chef de bataillon*, rue de Vaucelles ; Faye, *adjudant-major*, rue Saint-Jean ; Perotte, *porte-drapeau*, rue au Canu ; Dan de Lavauterie, *chirurgien, aide-major*, rue Neuve-Saint-Jean ; Lechevalier, *adjudant sous-officier*.

SAPEURS-POMPIERS.

MM. Lecomte, ✻, *capitaine en premier*, rue Basse ; Jobert (St.-Edme), *capitaine en second*, rue Guilbert ; Gamard, *lieutenant*, rue des Jacobins ; Vautier, *lieutenant*, Porte-au-Berger ; Lepontois, *sous-lieutenant*, rue St.-Jean ; Lechangeur, *sous-lieutenant*, rue Neuve-Saint-Jean.

GARDE A CHEVAL.

MM. De Rochebrune, O. ✻, *capitaine* ; rue des Teinturiers ; Jobert jeune, *lieutenant*, rue Guilbert ; Alazard, *sous-lieutenant*, rue Froide ;

Toutain, *sous-lieutenant*, rue Neuve-des-Carmelites ; Eudes, *maréchal-des logis-chef*, rue Saint-Jean.

ARTILLERIE.

MM. Seigneurie, *capitaine en premier*, rue de Geôle ; Paysant, *capitaine en second*, rue de l'Oratoire ; Lemonnier, *lieutenant*, rue des Jacobins ; Fournaux, *lieutenant*, rue Guilbert, Alp. Lecavelier, *sous-lieutenant*, rue Neuve-St.-Jean ; Legalier, *sous-lieutenant*, Venelle Buquet.

COUR ROYALE.

La cour royale, composée de trente conseillers, se divise en quatre chambres. Les deux premières connaissent des appels en matière civile, la troisième des mises en accusation, la quatrième des appels en matière civile et en outre en matière correctionnelle.

Les conseillers sont désignés par le sort, chaque année, pour chaque chambre.

PREMIER PRÉSIDENT.

M. Marcel Rousselin, O. ✲, rue de Geôle, 55.

PRÉSIDENTS DE CHAMBRE.

MM. Daigremont-St.-Manvieux ✲, place St.-

Sauveur, 17 ; Dupont-Longrais ✻, rue Calibourg, 6 ; Roger de la Chouquais ✻, rue des
Carmes, 45 ; Pigeon de St.-Pair, rue de Geôle,
55.

CONSEILLERS.

MM. Maubant ✻, place de la Comédie.
De Ste.-Marie ✻, rue Neuve-des-Carme-
lites, 9.
Fournier, rue Guille-le-Conquérant, 23.
Rousselin (Adrien), place Royale, 18.
Seigneurie, rue Ecuyère, 31.
Regnault, rue de la Chaîne, 10.
Lejolis de Villiers, rue St.-Etienne, 120.
Hubert (Benjamin) ✻, Mondeville.
De Gournay, rue de Geôle, 32.
Barbe-Lelongprey, rue de la Chaîne, 12.
Delangle, place St.-Sauveur, 8.
Lehot Duferrage, impasse de la Fontaine,
7.
Lebienvenu-Dutourp, rue de l'Eglise-St.-
Julien, 5.
Régnée, rue Bicoquet, 32.
Allard, rue St.-Jean, 20.
Brunet, rue des Carmes, 28.
Delaville, rue Bicoquet, 36.
Daigremont-St.-Manvieux fils, rue Saint-
Pierre, 25.
Lemenuet, rue de Geôle, 54.
Hubert (Marcellin), rue de Geôle, 28.
Desessarts, rue de Bayeux, 41.
Cheradame ✻, rue Singer, 6.
Formeville, rue de l'Hôtel-de-Ville, 26.
Leferon de Longcamp, rue Vilaine, 3.

CONSEILLER AUDITEUR.

M. le comte d'Ymouville, rue St.-Jean.

PROCUREUR-GÉNÉRAL.

M. Bertauld ✻, rue Neuve-des-Carmelites, 8.

AVOCATS-GÉNÉRAUX.

MM. De Préfeln (Charles), rue Calibourg, 8; Binard, place St.-Sauveur, 25; Dufort de Montfort, place St.-Sauveur, 31.

SUBSTITUTS.

MM. Loisel, rue Guillaume-le-Conquérant, 10; Lanteigne, rue de Geôle, 28.

SECRÉTAIRE DU PROCUREUR-GÉNÉRAL.

M. Lavigne, rue Ecuyère, 11.

GREFFE DE LA COUR ROYALE.

MM. Bénard, *greffier en chef*, impasse Ecuyère, 37; Bréhon, *commis greffier*, rue Ecuyère, 48; Berthelot, *id.*, rue Neuve-St.-Jean, 18; Mulot, *id.*, rue St.-Julien; Richard, *id.*, rue Caponnière, 18; Lavigne, *id.*, rue Ecuyère, 11; Renouf, *id.*, Maladrerie; Roussel, *chef d'expédition*, place de l'Ancienne-Petite-Boucherie, 118; Artois, *archiviste*, rue de l'Ecu.

AVOUÉS PRÈS LA COUR.

MM. Provost, rue St.-Martin, 64; Héot, place St.-Sauveur, 27; Villain, rue Guillaume-le-Conquérant; Voisin, *licencié en droit*, rue id., 7; Desprez, rue St.-Manvieux; Desmares, place St.-Sauveur, 23; Leroy, *licencié en droit*, rue Ecuyère, 44; Jardin fils, rue Neuve-des-Cordeliers, 3; Davy, *licencié en droit*, place St.-Sauveur, 32; Jouis, *id.*, rue de l'Odon; Domin, rue de la Chaîne, 5; Dhotel, place St.-Martin, 18, Rachinel, rue Ecuyère, 50; Amiard, rue des Cordeliers, 10; Lemasquerier, rue de la Chaîne, 18; Hommey-Margautier, rue Crespellière; Bourdon, rue Ecuyère, 40; Paris, rue

CHAMBRE DE DISCIPLINE.

MM. Davy, *président ;* Desprez, *syndic ;* Provost, *rapporteur ;* Domin, *secrétaire.*

HUISSIERS AUDIENCIERS.

MM. Marais, rue aux Namps, 8; Quesnot, rue St.-Martin, 4; Lair, rue de l'Abbatiale, 4; Busnel, rue Ecuyère, 46; Letulle, place St.-Sauveur, 32; Hebert, rue St.-Martin, 42; Tribouillard, rue St.-Jean, 28; Buhour, rue des Croisiers, 12.

TRIBUNAL DE PREMIÈRE INSTANCE.

Le tribunal de première instance se divise en deux chambres : la première connaît des affaires civiles, et la deuxième des affaires civiles et de celles de police correctionnelle.

MM. Deslongchamps ✳, *président*, rue de l'Odon, 8; Lermite, *vice-président*, rue Vilaine, 2.

JUGES.

MM. Marguerie, place St.-Sauveur, 4; Lebourguignon-Duperré, rue Vilaine, 17; Vibert, rue St.-Jean, 120; Lefèvre, *juge d'instruction*, rue Basse.

SUPPLÉANTS.

MM. Poignant, rue de la Chaîne; Simon jeune, *avocat*, rue St.-Martin; Castel, place St.-Sauveur; Boscher, rue St.-Martin, 29.

PROCUREUR DU ROI.

M. Bouffay ✳, rue de l'Odon, 10.

SUBSTITUTS.

MM. Daigremont-Saint-Manvieux, rue des Cordeliers, 12; Laisné-Deshayes, place du Château.

GREFFE DU TRIBUNAL.

MM. Tahère-Morel, *greffier en chef*, rue aux Lisses, 18; Poussin, *commis greffier*, rue de Bayeux, 67; Marc, *id.*, rue aux Lisses; Viel, *id.*, rue Calibourg, 9.

AVOUÉS PRÈS LE TRIBUNAL.

MM. Dupont, rue Pémagnie, 12; Ducoudray, place St.-Sauveur, 31; Regnouf, *licencié en droit*, rue aux Namps, 10; Godard jeune, rue de la Chaîne, 8; Godard aîné, place St.-Sauveur, 10; Jardin père, rue des Cordeliers, 1; Levalois, rue St.-Martin, 47; St.-Germain, rue Pémagnie, 2; Youf, place St.-Sauveur, 22; Leconte fils, rue aux Namps, 8; Hastain, place St.-Sauveur, 26; Placquevent, rue Pémagnie, 19.

CHAMBRE DE DISCIPLINE.

MM. Dupont, *président*; Ducoudray, *syndic*; Regnouf, *rapporteur*; Godard jeune, *secrétaire*.

HUISSIERS AUDIENCIERS.

MM. Philippe, rue Guillaume-le-Conquérant, 27; Coltée, rue aux Namps, 11; Briard, rue de l'Odon, 5; Simon jeune, rue de la Chaîne, 7.

HUISSIERS DE CAEN.

MM. Louvet, place du Marché-au-Bois, 14 ; Desmazures, rue St.-Sauveur, 16 ; Madeline aîné, rue Ecuyère, 7 ; Fanet, rue de Geôle, 23 ; Godard, rue des Cordeliers, 6 ; Delangle, rue de l'Odon, 12 ; Gascoin, rue Pémagnie, 12 ; Levalois, rue Froide, 47 ; Jardin, rue des Cordeliers, 1 ; Paisant, rue aux Lisses, 33 ; Postel, rue de l'Odon, 15 ; Bertauld, rue Génard, 6 ; Vauquelin, rue Pémagnie, 1 ; Marie, rue St.-Martin, 34 ; Dufour, place St.-Sauveur, 14, Letourneur, rue St.-Martin, 63.

CHAMBRE DE DISCIPLINE.

MM. Busnel, *syndic* ; Godard, *rapporteur* ; Gascoin, *trésorier* ; Coltée, *secrétaire* ; Levalois, Quesnot, et Gosse, *membres*.

JUGES DE PAIX.

MM. Morice (canton Est), place St.-Sauveur, 26 ; Langlois, *suppléant*, rue aux Namps, 8 ; Voisin, *id.*, Guillaume-le-Conquérant, 7 ; Burard, *greffier*, rue St.-Martin, 48 ; Fanet et Quesnot, *huissiers*. Audience le jeudi.

Lancelin, (canton Ouest), place Belle-Croix, 1 ; Berot, *suppléant*, rue de Geôle, 44 ; Dupont, *id.*, rue Pémagnie, 12 ; Bardel, *greffier*, rue Vilaine, 2, Philippe et Levalois, *huissiers*. Audience le Vendredi.

TRIBUNAL DE SIMPLE POLICE.

MM. Lancelin, Morice, Violard, *ministère public;* Froisil, *greffier,* rue de Bayeux, 48; Guilbert, *commis greffier.*

TRIBUNAL DE COMMERCE.

M. Abel Vautier, *président,* rue St.-Jean.

JUGES.

MM. Decourdemanche, rue Froide; Lecomte (Joseph), rue des Quais; Ravenel, impasse Gohier; Paul Moisson, rue Guilbert.

SUPPLÉANTS.

MM. Lange, rue de l'Engannerie; Hamard jeune, rue de l'Engannerie; Guillard, rue de Bernières; Richer, rue St.-Pierre; Devic fils, *greffier,* petite rue St.-Martin, 3; Belbarbe, *commis greffier.*

DÉFENSEURS AGRÉÉS.

MM. Hettier, rue de Geôle, 38; Levalois, rue St.-Martin, 47; Piel-Desruisseaux, rue de l'Odon, 19; Delomosne, rue au Canu, 8; Bayeux jeune, rue Pémagnie, 14.

HUISSIERS AUDIENCIERS.

MM. Gascoin, rue Pémagnie, 22 ; Delangle, rue de l'Odon, 12.
Audience le mercredi et samedi.

CONSEIL DES PRUD'HOMMES.

MM. Gervais, *président* ; Godefroy, *vice-président* ; Lahaye aîné ; Lecavelier (Frédéric) ; Leflaguais ; Helland ; Paisant-St.-Jores ; Mancel ; Bonpain ; Hamon ; Angé ; Roger, *suppléant* ; Danjou, *id.* ; Hamel, *secrétaire*, place St.-Martin, 14 ; Gascoin, *huissier*, rue Pémagnie.

Le secrétariat est ouvert tous les jours de midi à deux heures, à l'hôtel de la Bourse, place Saint-Pierre.

CHAMBRE DE COMMERCE.

MM. Lecavelier fils, *président*, rue Neuve-St.-Jean ; Bouillie aîné, impasse de la Fontaine ; Donnet, place St.-Sauveur ; Th. Lemoine, rue Neuve-St.-Jean ; Gervais, rue Montaigu ; A. Jardin, place Royale ; U. Vautier, rue St.-Jean ; A Lecomte, rue des Carmes ; Lecesne, rue des Carmes.

Bardout jeune, *avocat*, *secrétaire archiviste*, rue Vilaine.

CONSULS ET VICE-CONSULS.

Angleterre et Etats-Unis, M. Armstrong, rue St.-Jean ; Prusse, M. Moisson, rue Guilbert ; Suède et Norwège, M. Lemoine, rue Neuve-St.-Jean ; Portugal, Lefrançois, rue Neuve-St.-Jean ; Pays-Bas, Holzmann, rue de l'Oratoire ; Autriche, Duperrey-Crestey, rue Notre-Dame.

TABLEAU

DE L'ORDRE DES AVOCATS.

MM. Thomine-Desmazures aîné, *bâtonnier, chef de l'ordre*, rue de Geôle, 46 ; Busnel, Mondeville ; Chrétien père, *ancien bâton.*, rue de Geôle, 42 ; Delaville père, rue Bicoquet, 32 ; Simon père, *ancien bâton.*, rue St.-Martin, 31 ; Thomine-Desmazures père, rue des Cordeliers, 9 ; Devic, *ancien bâton.*, rue St.-Martin, 29 ; Marc père ✻, *ancien bâton., membre du conseil*, rue de la Préfecture, 5 ; Delaunay, rue St.-Martin, 24 ; Joyau, *ancien bâton.*, place St.-Sauveur, 77 ; Lecerf, rue de Geôle, 40 ; Hélie, rue St.-Jean, 177 ; Dupray, rue Vilaine, 2 ; Legrip ✻, rue Guilbert ; Blin, rue St.-Pierre, 19 ; Ameline, *membre du conseil*, place St.-Sauveur, 10 ; Pouilly, rue de l'Odon, 14 ; Poignant, rue de la Chaîne, 12 ; Simon jeune, *ancien bâton.*, rue St.-Martin, 33 ; Chrétien fils, rue de Geôle, 42 ; de Gournay, rue Gémare, 18; Deboislaunay, rue Neuve-St.-Jean, 31; Castel, place St.-Sauveur, 18; Lehot-Duferrage, rue St.-Jean, 56; Lamache de la Besnardière, rue de l'Odon, 10; Boscher, *membre du conseil*, rue St.-Martin, 29; Simon (Georges), *membre du conseil*, rue Ecuyère, 48; Bayeux, *secrétaire*, place St.-Sauveur, 14; Laumonier, rue des Chanoines, 9; Costy, rue de Geôle, 51; Turgot, rue Pémagnie, 12; Mabire, *membre du conseil*, rue Ecuyère, 42; Boisard, rue St.-Jean; Houssaye, rue des Cordeliers, 7; Bardout aîné, rue Vilaine, 6; Bouet, rue St.-Martin, 65; Langlois, rue aux Namps, 8; Duperré-Feuguerolles, *membre du conseil*, rue des Croisiers, 13; Valot, impasse Ecuyère, 39; Delouche, rue Ecuyère, 49; Bobier, rue au Canu, 14; Gervais, *membre du conseil*, place St.-Sauveur, 22; Deboislambert, place Royale, 14; Thomine (Auguste), rue des Cordeliers, 9; Bonnesœur, rue Neuve-des-Cordeliers; Durand, rue St.-Sauveur, 26; Lejametel, rue Guillaume-le-Conquérant, 9; Courty, rue Bicoquet, 24; Tabourier, place St.-Martin, 4; Marc fils, rue de Geôle, 36; Demolombe, rue Guillaume-le-Conquérant, 20; Dubuisson, rue des Chanoines; Bardout (Paul), rue Vilaine, 6; de Caumont, rue des Carmes; Seminel, rue St.-Sauveur, 2; Lepetit, rue St. Etienne, 135; Lemorieux, rue Ecuyère, 49; Devalroger, place St.-Sauveur, 19; Marie, rue du Moulin, 6; Lefèvre, rue St.-Martin, 84; Doublet, rue de la Chaîne, 3; Dubois-Delaunay, rue de l'Engannerie, 6; Lelong de Laville, rue Bosnière; Lamoureux, rue Vilaine ; Cosne, rue de Geôle, 45 ; Lemenuet (Léon), rue St.-Martin, 59 ; Holand, rue Guillaume-le-Conquérant, 25 ; Sénécal, place St.-Sauveur, 12 ; Maheust, rue des Teinturiers, 21 ; Mariette de Norville, rue de la Préfecture ; Massieu, rue Pémagnie, 3 ; Trolley (Alfred), place Fontette ; Dubisson ; Hue, rue Froide, 39 ; Benard, rue de l'Odon, 15 ; Leboucher, rue de l'Académie ; Cauvet jeune, place Fontette ; Levardois (Casimir), place St.-Sauveur, 22 ; Alexandre (Amédée), rue Gémare ; Cassin, à Bagatelle ; Quesnel ; Fauvel, rue Froide, 41 ; Perdriel ; Osmont, rue Guillaume-le-Conquérant, 25.

AVOCATS STAGIAIRES.

Besnou ; Deboislambert (Auguste), rue des Quais ; Fauvel (Amédée), rue Pémagnie ; Héhe (Hippolyte), rue Froide ; Lebrun de la Houssaye, rue des Carrières-St.-Julien ; Drouet, rue Saint-Martin, 41 ; Rupalley, rue Saint-Sauveur, 8 ; Desplanques ; Daufresne, rue Ecuyère ; Pellerin, rue de l'Odon, 1 ; Delabrèche, rue Saint Sauveur ; Chable, rue de Geôle ; Lecourtois-Dumanoir ; Bertauld, place Saint-Sauveur, 10 ; Lecouteux ; Hobey, rue de Geôle ; Villain, rue Guillaume-le-Conquérant ; Lecointe ; Foucher ; Poret ; Parrin de Semainville ; Regnault ; Trochon, place Saint-Sauveur, 10 ; Scheppers, rue Ecuyère, 2 ; Caron, place Saint-Sauveur, 25 ; de Guernon, rue Bicoquet ; Toussaint, rue des Teinturiers ; Artur, place de la Gloriette ; Blanche, rue Saint-Sauveur, 43.

NOTAIRES.

MM. Poignant, *certificateur*, rue Ecuyère, 44; Durand, place Saint-Sauveur, 16; Delacodre, *certificateur*, placé Saint-Sauveur, 28; Bellivet, *certificateur*, place Saint-Sauveur, 8; Delavande, rue Notre-Dame, 98; Dufay, *certificateur*, rue de l'Odon, 10; Vinnebaux, rue de la Chaîne, 1.

NOTAIRES DÉPOSITAIRES DES ANCIENNES MINUTES.

Immeubles.

MM. Poignant, de 1566 à 1573. — 1635 à 1639. — 1660 à 1664. — 1690 à 1694. — 1700 à 1706. — 1722 à 1724. — 1740 à 1742. — 1769 à 1771: Delavande, de 1573 à 1577. — 1581 à 1587. — 1588 à 1624. — 1630 à 1634. — 1640 à 1646. — 1655 à 1659. — 1665 à 1679. — 1685 à 1689. — 1695 à 1699. — 1707 à 1709. — 1713 à 1721. — 1725 à 1727. — 1731 à 1739. — 1743 à 1745. — 1749 à 1768; Delacodre, de 1578 à 1582. — 1625 à 1629. — 1650 à 1654. — 1680 à 1684. — 1710 à 1712. — 1728 à 1730. — 1746 à 1748. — 1772 à 1774.

Inventaires, baux, procuration et actes mobiliers.

MM. Poignant, de 1607 à 1648. — 1724 à 1733; Delavande, de 1649 à 1658. — 1669 à

1699. — 1734 à 1774 ; Delacodre, de 1659 à 1668. — 1700 à 1724.

TABELLIONAGE DE VAUCELLES.

MM. Poignant : Immeubles, de 1662 à 1678. Meubles de 1662 à 1675 ; Delavande : Immeubles, 157? à 1643. — 1654 à 1661. Meubles, 1607 à 1643. — 1654 à 1661 ; Delacodre : Immeubles, 1644 à 1653. Meubles, 1644 à 1653.

DÉPOSITAIRES DES EXERCICES DES NOTAIRES CRÉÉS PAR L'ÉDIT DE 1773.

M. Poignant, des exercices de MM. Dedouet et Letourmy ; M. Delacodre, de ceux de MM. Huet, Courcelles, Cavelier ; M. Delavande, de ceux de M. Jourdan et Pillet. Comme successeur de M. Pillet, il possède en outre les minutes de MM. Ledanois, Bénard père et fils, Torcapel, Charlot, Ruelle et Lelaidier.

UNIVERSITÉ DE FRANCE.

ACADÉMIE ROYALE DE CAEN.

MM. Marc, ✷ *recteur* ; Turgot, *inspecteur* ; Edom, *inspecteur*, rue de Bretagne, 28 ; de Thoury, *secrétaire*, rue des Cordeliers.

FACULTÉ DE DROIT.

Droit romain.

M. Delisle (Georges), *doyen de la Faculté*, rue des Croisiers, 13.

Code civil.

MM. Marc, ✶, *recteur*, rue de la Préfecture, 5; Lecerf, rue de Geôle, 40; Demolombe, rue Guillaume-le-Conquérant.

Code de procédure civile et de législation criminelle.

M. Deboislambert, place Royale, 14.

Code de commerce.

M. Feuguerolles, rue des Croisiers, 13.

Droit administratif.

M. N.

Suppléants.

M. Bayeux, place Saint-Sauveur, 14; Trolley, place Fontette.

Secrétaire.

M. Lelaidier, rue des Cordeliers; Frilay, *appariteur*, rue de la Chaîne.

FACULTÉ DES SCIENCES.

Chimie.

M. Thierry, *doyen*, rue de Geôle.

Physique.

M. Delafoye, *secrétaire*, rue de l'Académie.

Histoire naturelle.

M. Eudes Deslongchamps, rue de Geôle, 28.

Mathématiques transcendantes.

MM. Bonnaire fils; Hubert, *appariteur*, place Saint-Pierre.

FACULTÉ DES LETTRES.

Histoire.

M. Roger, rue de la Préfecture.

Littérature française.

MM. Vautier, *doyen*, *secrétaire*, rue Saint-Martin; Latrouette, *suppléant*, rue aux Namps.

Philosophie.

M. Charma, rue des Capucins.

Littérature latine.

MM. Maillet-Lacoste, rue Saint-Jean; de Gournay, *suppléant*, rue Gémare.

Littérature grecque.

MM. Bertrand, place Fontette; Viel, *appariteur*, rue de la Chaîne.

ÉCOLE SECONDAIRE DE MÉDECINE.

M. Raisin, *directeur*, rue au Canu.

Anatomie et médecine opératoire.

M. Ameline fils, rue des Carmelites.

Physiologie et accouchements.

M. Lebidois fils, place Royale, 2.

Pathologie chirurgicale.

M. Raisin, rue au Canu.

Pathologie médicale et thérapeutique.

M. Lafosse, rue de l'Oratoire.

Clinique médicale.

MM. Trouvé, rue des Carmes; Faucon, *suppléant*, rue de la Préfecture.

Clinique chirurgicale.

M. Lesauvage, rue de Bernières.

Médécine légale.

M. Vastel, rue Saint-Louis.

Matière médicale et pharmacie.

M. Leprestre, rue de l'Odon.

COLLÉGE ROYAL.

MM. l'abbé Daniel ✶, *proviseur*; Cassin aîné, *censeur*; l'abbé Roger, *aumônier*; Roger, *économe*.

PROFESSEURS.

MM. Vacherot, *philosophie*; Berger, *rhétorique*; Masson, *physique*; Bonnaire, *mathématiques spéciales*; Martin, *seconde*; Letellier, *histoire*, rue des Quais; Amiot, *mathématiques élémentaires*; Quesnault-Desrivières, *troisième*; Maisonneuve, *quatrième*; Gourbin, *cinquième*; Trébutien, *sixième*; Daligault, *id. seconde division*; Delangle, *septième*; l'abbé Louppey, *id. seconde division*; Lescaudey, *huitième*;

Marie, *id. deuxième division;* Chauvin, *histoire naturelle,* rue des Chanoines; Wheatcroft, *anglais,* rue de Bretagne; Ellouis, *dessin,* Hôtel-de-Ville; Guillard, *id.*

ÉCOLE PRIMAIRE SUPÉRIEURE.

MM. Dieudonné, *directeur, arithmétique et mécanique;* Bourdon, *arithmétique, géométrie, comptabilité,* rue St.-Martin; Chapron, *grammaire, rhétorique, histoire, géographie,* rue St.-Jean; Macleod, *anglais,* rue de Geôle, 54; Poubelle, *écriture;* Maillard, *dessin linéaire;* Chauvin, *histoire naturelle;* Saint-Germain, *musique vocale,* rue de la Fontaine.

MAITRES D'ÉTUDE.

MM. Cassin jeune, *sous-censeur;* Orange, Maillard, Ramer, Beilon, Lecoq, Tourailles, Gonbeaux, Duval, Fautras, Hérauville, Levillain.

MÉDECINS.

MM. Lesauvage, rue de Bernières; Vastel, rue St-Louis.

SOCIÉTÉS SAVANTES.

ACADÉMIE ROYALE DES SCIENCES, ARTS ET BELLES-LETTRES.

Membres honoraires.

MM. Leboucher, *médecin,* rue de l'Académie, 10 ; Lange, *id.*, quai Vandœuvre ; Vaultier, *professeur*, rue St.-Martin ; Spencer-Smith, rue des Chanoines ; Thomine-Desmazures père, rue des Cordeliers ; Marc ✻, *recteur*, rue de la Préfecture.

Membres résidants.

MM. Roger, *professeur, président*, rue de la Préfecture ; Hérault, *ingénieur des mines, vice-président*, rue de l'Odon ; Hébert, *bibliothécaire de la ville, secrétaire*, rue de Geôle, 34 ; Edom, *inspecteur de l'Académie, vice-secrétaire*, rue de Bretagne ; Legrip, *conseiller de préfecture, trésorier*, rue Guilbert ; Desloges jeune ; de Magneville ✻, rue Guilbert ; Lair, *conseiller de préfecture*, rue du Pont-St.-Jacques ; Godefroy, *médecin*, rue St.-Jean ; Simon, *avocat*, rue St.-Martin, 31 ; Prudhomme, *ancien professeur de navigation*, rue de Geôle ; Thierry, *professeur*, rue de Geôle ; Trouvé, *médecin*, rue des Carmes ; Pattu ✻, *ingénieur du département*, rue des Chanoines ; Lesauvage, *médecin*, rue de Bernières ; l'abbé Jamet ✻, rue des Capucins ; Dan de la Vauterie, *médecin*, rue Neuve St.-Jean ; Raisin père, *id.*, rue au Canu ; Delafoye, *professeur*, rue de l'Académie ; Eudes Deslongchamps, *id.*, rue de Geôle, 28 ; l'abbé Daniel, *proviseur du collége ;* Target, *préfet du Calvados ;* Maillet-Lacoste, *professeur*, rue St.-Jean ; de Caumont, rue des Carmes ; Léchaudé d'Anisy ; Bertrand, *professeur ;* Bunel ; Leflaguais (Alphonse), rue des Jacobins.

Associés résidants.

MM. Chantepie, *ancien inspecteur ;* Asselin, *médecin*, place St.-Sauveur ; Thomine-Desmazures fils, rue de Geôle ; Boisard, *conseiller de préfecture*, rue St.-Jean ; Deshayes, *peintre*, place Royale ; Simon, *géomètre en chef du cadastre ;* Prel, rue de Bayeux ; Roberge, rue Notre-Dame ; Cassin, *censeur du collége ;* St.-Germain, *directeur du conservatoire de musique*, rue de la Fontaine ; Latrouette ; de Gournay, *suppléant de littérature latine.*

SOCIÉTÉ D'AGRICULTURE ET DE COMMERCE.

Membres résidants.

MM. Bunel, *ancien officier de marine, président ;* Donnet, *maire de Caen, vice-président,* place St.-Sauveur ; Lair, *conseiller de préfecture, secrétaire*, rue du Pont-St.-Jacques ; Prudhomme, *ancien professeur de navigation, vice-secrétaire*, rue de Geôle ; Ducheval, *trésorier*, rue Saint-Louis ; Target, O. ✸, *préfet ;* de Banneville, *propriétaire ;* Cailleux, *vétérinaire*, rue de la Monnaie ; Decourdemanche, *pharmacien*, rue Froide ; Daigremont-Saint-Manvieux, *président à la cour*, place St.-Sauveur ; de Caumont ✸, rue des Carmes ; Delalonde ✸ ; Defrance, *médecin ;* de Magneville ✸ ;

de Mathan, *pair de France;* de Montfleury ✻ de Saint-Louis; Deschamps; Deslongchamps, *professeur*, rue de Geôle; Desprez, *ex-conseiller à la cour*, rue de l'Engannerie, 4; Diey, *directeur de Beaulieu;* Dizon, *colonel en retraite;* d'Orceau, baron de Fontette; d'Osseville; Gervais, *filateur*, à Montaigu; Hébert, *bibliothécaire de la ville*, rue de Geôle; Hérault, *ingénieur des mines*, rue de l'Odon; Jardin (Auguste), *négociant*, Cour de la Monnaie; Joyau, *avocat*, place St.-Sauveur; Lange, *médecin*, quai Vandœuvre; Leblond, *fabricant de dentelles*, rue de l'Engannerie; Lecavelier (Nicolas), *négociant*, rue Neuve-St.-Jean; Lecerf, *avocat*, rue de Geôle, 40; Lecreps, *ex-député;* Lefèvre-Dufresne, *ancien maire de Caen;* Legrip, *conseiller de préfecture*, rue St.-Jean, 247; Lentaigne-Logivière, rue St.-Etienne; Lesauvage, *médecin*, rue de Bernières; Marescot-Prémare, *propriétaire;* Pattu, *ingénieur des ponts et chaussées*, rue des Chanoines; Roberge, rue Notre-Dame; Roger de la Chouquais, *président à la cour royale*, rue des Carmes; Signard (Frédéric), *propriétaire;* Simon, *géomètre en chef du cadastre*, rue Haute; Thierry, *professeur*, rue de Geôle; Trouvé, *médecin*, rue des Carmes.

SOCIÉTÉ DE MÉDECINE.

Membres honoraires.

MM. Lange, *docteur-médecin*, quai Vandœuvre ; Leboucher, *id.*, rue de l'Académie, 13 ; Saint-Fresne, *id.*, rue St.-Jean, 120.

Membres résidants.

MM. Durand, *docteur-médecin, président*, rue Gémare ; Raisin, *id.*, *vice-président*, rue au Canu ; Delafosse fils, *id.*, *secrétaire*, rue de l'Oratoire ; Liégard, *id.*, *vice-secrétaire*, rue des Carmes ; Dan de la Vauterie, *id.*, rue Neuve-St.-Jean ; Godefroy, *id.*, rue St.-Jean ; Lequéru, *id.*, rue Neuve-des-Carmelites ; Leprovost, *id.*, rue Guillaume-le-Conquérant, 15 ; Boscher, *id.*, rue Notre-Dame, 98 ; Etienne, *id.*, place St.-Sauveur ; Trouvé, *id.*, rue de l'Engannerie ; Regnault, *id.*, rue St.-Jean ; Lebidois, *id.*, place Royale.

SOCIÉTÉ DES ANTIQUAIRES DE NORMANDIE.

Membres résidants.

MM. Passy, *préfet de l'Eure, directeur ;* Mérite-Longchamps, *président*, rue des Chanoines ; Spencer-Smith, *vice-président*, *id.* ; de Caumont, *secrétaire-général*, rue des Carmes ; Gervais, *avocat, secrétaire-adjoint*, place St.-Sauveur, 22 ; de Magneville, *trésorier*, rue Guilbert ; Lair, rue du Pont-St.-Jacques ; Roger, rue de la Préfecture ; Lange, quai Vandœuvre ; de Montlivault ; Léchaudé d'Anisy ; Pattu, rue des Chanoines ; Deshayes, place

Royale ; de Montlivault (Charles) ; Harou-Romain, rue des Jacobins ; Hébert, rue de Geôle, 34 ; d'Osseville (Louis) ; Paris ; Roberge, rue Notre-Dame ; Richome ; Vautier, rue Saint-Martin.

SOCIÉTÉ LINNÉENNE DE NORMANDIE.

Membres résidants.

MM. Spencer-Smith, *président*, rue des Chanoines ; Delachouquais, *vice-président*, rue des Carmes ; de Caumont, *secrétaire perpétuel honoraire*, rue des Carmes ; Eudes Deslongchamps, *secrétaire*, rue de Geôle ; Faucon, *archiviste*, rue de la Préfecture : Hardouin, *trésorier*, rue Neuve-St.-Jean ; Chauvin, *professeur*, rue des Chanoines ; Blot, *médecin*, à Colleville; de Montlivault; de Montlivault (Charles); d'Osseville (Louis); Bacon (Louis), *pharmacien*, place Royale ; Bourrienne, *médecin*, rue Froide ; Deschamps ; Delafosse, *professeur*, rue de l'Académie ; de Magneville, rue Guilbert; de Roncherolles, place Royale; Deshayes, place Royale ; Etienne, *médecin*, place Saint-Sauveur ; Hérault, rue de l'Odon ; Hébert, rue de Geôle, 34 ; Jamet (l'abbé), rue des Capucins ; Luard, *médecin*, rue de Vaucelles ; Lecavelier (Gustave), rue Neuve-St.-Jean ; Lance ; Lair, rue du Pont-St.-Jacques ; Lesauvage, *médecin*, rue de Bernières ; Montaigu ; Prudhomme, rue de Geôle ; Pattu, rue des Chanoines ; Roberge, rue Notre-Dame ; Thierry, rue de Geôle ; Trouvé, rue des Carmes.

SOCIÉTÉ PHILHARMONIQUE.

MM. Lair, *président*, pont St.-Jacques ; Delafoye, *secrétaire*, rue de l'Académie ; Bénard, *bibliothécaire*, Impasse-Ecuyère ; Graverend, *chef d'orchestre*, rue des Cordes.

CONSEIL.

Présidents honoraires.

MM. Louis d'Osseville ✻ ; Lefèvre-Dufresne ; Donnet, *maire*, place St.-Sauveur.

CONSEIL D'ADMINISTRATION.

MM. Lair, *président*, rue du Pont-St.-Jacques ; H. Bunel, *vice-président* ; de Caumont, *id.*, rue des Carmes ; P. Lecavelier, *id.*, rue Neuve-St.-Jean ; Delafoye, *secrétaire*, rue de l'Académie ; de Saint-Germain, *secrétaire-adjoint*, rue de la Fontaine ; Fourneaux, *id.* ; Alp. Lecavelier, *trésorier*, rue Neuve-St.-Jean ; G. Rupalley, *id.*, *adjoint*, rue St.-Sauveur ; Creully, *bibliothécaire archiviste*, au Château, Graverend, *chef d'orchestre*, rue de l'Engannerie ; d'Ison ✻ (comte) ; Spencer-Smith, rue des Chanoines ; d'Emiéville ✻ ; Bénard, impasse Ecuyère ; Dubosq, rue Pailleuse ; Signard ✻ ; Lecerf, rue de Geôle ; Delauney ; Bayeux, place St.-Sauveur ; Dicy ✻, à la Maladrerie ; A. Jardin, place Royale ; Delachouquais ✻, rue des Carmes ; Bertauld, rue des Carmelites.

ASSOCIATION NORMANDE.

Bureau.

MM. de Caumont, *directeur*, rue des Carmes; l'abbé Daniel, *secrétaire-général*; Desrivières, *professeur au collége, secrétaire-adjoint.*

Inspecteurs divisionnaires.

MM. Cte. de Beaurepaire, à Louvigny
Lair, rue Pont-St.-Jacques } pour le Calvados.

Cte. de Kergorlay, à St.-Lo
Marqs. de Bellefont, à Cauvigny } pour la Manche.

de Brix, *procureur du roi*, à Alençon, } pour l'Orne.

A. Leprévost, *député*, à Bernay
Delarue, à Evreux } pour l'Eure.

Girardin, à Rouen,
Ballin, *idem*, } pour la Seine-Inférieure.

Cassin, *censeur au collége, archiviste.*
Lecerf, *avocat, trésorier en chef*, rue de Geôle.
Godefroy, *ancien négociant, trésorier-adjoint.*

Conseil permanent d'administration.

MM. Magneville, rue Guilbert ; Delachouquais, rue des Carmes ; Bunel ; Lafosse, rue de l'Oratoire ; Diey, *directeur de Beaulieu* ; de Touchet.

Membres résidants.

MM. Bacon, *propriétaire* ; Banville (vicomte de), *id* ; Banneville (marquis de), *id.* ; Bertrand, *professeur* ; Bertauld, *procureur-général*, rue des Carmélites ; Bouffey, *procureur du roi*, rue de l'Odon ; Brunet, *conseiller à la cour*, rue des Carmes, 28 ; Busnel ; Bayeux, *avocat*, place Saint-Sauveur ; Béné, *directeur des contributions indirectes* ; Chauvin, *professeur*, rue des Chanoines ; Courdemanche (de) *pharmacien*, rue Froide ; Courty, *avocat*, rue Bicoquet ; Coursanne (de), place Royale ; Corbet, *maréchal-de-camp*, rue Guilbert ; Cailleux, *vétérinaire*, rue de la Monnaie ; Damemme, *coutelier*, rue Saint-Jean, 27 ; David, *négociant*, rue Guilbert ; Deboislambert, *avocat*, place Royale ; Delacodre, *notaire*, place Saint-Sauveur, 28 ; Delafoye, *professeur*, rue de l'Académie ; Delisle, *avocat*, rue des Croisiers ; Detruisard, *homme de lettres* ; Donnet, *banquier* ; place Saint-Sauveur ; Dumoncel ; Dupont-Longrais, *président à la cour*, rue Calibourg ; Durand, *médecin*, rue Gémare ; Delangle, *conseiller à la cour*, place Saint-Sauveur ; Delasalle, *homme de lettres*, rue Saint-Sauveur ; Edom, *inspecteur*, rue de Bretagne ; Emiéville (Frédéric d') *propriétaire* ; Etienne, *médecin*, place Saint-Sauveur ; Faucon, *id.*, rue de la Préfecture ; Gamard, *négociant*, rue des Jacobins; Gournay (de) *conseiller à la cour*, rue de Geôle; Gervais, *filateur* à Montaigu; Gervais, *avocat*, place Saint-Sauveur; Guy, *architecte*, rue Singer; Ison (comte d'), *colonel en retraite*; Jamet, *supérieur du Bon-Sauveur*, rue des Capucins; Jobert (Saint-Edme), *négociant*, rue Guilbert; Joyau, *avocat*, place Saint-Sauveur; Lafosse, *médecin*, rue de l'Oratoire; Lange, *id.*, quai Vandœuvre; Lambert, *sous-directeur à Beaulieu*; Lair, rue Pont-Saint-Jacques; Laville (de), *conseiller à la cour*, rue Bicoquet; Latrouette, *professeur*, rue aux Namps; Leboucher, *avocat*, rue de l'Académie; Lechangeur, *horloger*, rue Saint-Jean; Letellier, *inspecteur des écoles primaires*; Leclerc, *médecin*; Lebienvenu-Dutourp, *conseiller à la cour*, rue de l'Eglise-Saint-Julien, 5; Lemenuet, *conseiller à la cour*, rue de Geôle; Lepattu, *ingénieur*, rue des Chanoines; Lenourrichel, *peintre*, rue Saint-Jean; Lefrançois, *propriétaire*; Lesauvage, *médecin*, rue de Bernières; Martin-Rollin, *président du consistoire*, rue de l'Oratoire; Masson, *professeur au collège*; Marc, *recteur*, rue de la Préfecture; Osseville (Louis d'); Pain, *employé du cadastre*; Pellerin, *médecin*, rue Neuve-Saint-Jean; Pigache, *pharmacien*, rue Saint-Jean; Pihan, *capitaine au long cours*; Pesquet-Deschamps, *propriétaire*, Pracontal (de), *propriétaire de forges*; Préfeln (Ch. de), *avocat-général*, rue Calibourg; Regnée, *conseiller à la cour*, rue Bicoquet; Roberge *homme de lettres*, rue Notre-Dame; Roger, *professeur*, rue de la Préfecture;

Roger de la Chouquais, *président à la cour*, rue des Carmes; Seran (comte de), *propriétaire*; Seigneurie, *agent d'affaires*, rue de Geôle; Saint-Germain, *professeur*, rue de la Fontaine; Saint-Fresne, *médecin*, rue Saint-Jean; Signard, *propriétaire*; Spencer-Smith, *homme de lettres*, rue des Chanoines; Target, *préfet du Calvados*; Tesson, *propriétaire*; Thierry, *professeur*, rue de Geôle; Thomine aîné, *avocat*, rue de Geôle; Trouvé, *médecin*, rue des Carmes; Titer (de) *propriétaire*; Turgot, *inspecteur*; Vastel, *médecin*, rue Saint-Louis; Vaultier, *marchand de fer*, rue Saint-Jean.

SOCIÉTÉ POUR LA CONSERVATION ET LA DESCRIPTION DES MONUMENTS HISTORIQUES.

MM. de Caumont, *directeur*, rue des Carmes; l'abbé Paysant, *secrétaire*; Gaugain, *trésorier*, hôpital Saint-Louis.

Fondateurs.

MM. de Crazannes, *maître des requêtes*, à Figéac; marquis le Ver, à Yvetot; Pelet, à Nîmes; de la Saussaye, à Blois; de Givenchy, *secrétaire de la société des antiquaires*, à Saint-Omer; de la Fontenelle, à Poitiers; A. Leprovost, à Bernay; A. Deville, à Rouen; E. Gaillard, *secrétaire* de *l'Académie*, à Rouen ; de Baurepaire, à Falaise ; Dubourg-d'Isigny, à Vire ; de Lachouquais, à Caen ; Lambert, *conservateur de la bibliothèque*, à Bayeux ; Bellivet, *notaire*, à Caen ; baron de Vauquelin, à Ailly près Falaise ; Beaudot, à Dijon ; Duvivier, à Mézières ; Leglay, à Cambray ; Cauvin, au Mans ; Vaugeois, à Laigle ; de Milly, à Mortain ; de Magneville à Caen ; Spencer Smith, à Caen ; Schweighauser, à Strasbourg ; Galeron, à Falaise.

INGÉNIEURS.

MM. Pattu, ✲, *ingénieur en chef des ponts et chaussées*, rue des Chanoines, 11 ; Morel, conducteur.

MINES ET USINES.

M. Hérault, *ingénieur en chef*, rue de l'Odon, 13.

DOUANES.

MM. Lebrun, *inspecteur* ; Sueur-Merlin, *receveur principal* ; Declassé, *sous-inspecteur sédentaire* ; Blangini, *contrôleur aux entrepôts* ; Dieu-Avant, *commis principal à la navigation* ; de Bernières ; de Grieu ; Osmont et Billoin, *vérificateurs* ; Simon, *receveur aux déclarations* ;

Chuppin de Germigny , *commis de recettes* ; Richer et Duplessix-Quémeneur , *commis aux expéditions* ; Chauvin et Esnol , *surnuméraires.*

Les bureaux de la douane , situés quai Vendœuvre , sont ouverts dans l'hiver depuis huit heures jusqu'à midi , et depuis deux heures jusqu'à cinq ; et dans l'été , depuis sept heures jusqu'à midi , et depuis deux heures jusqu'à sept.

ENREGISTREMENT ET DOMAINES.

MM. Cellier , ✲ , *directeur* , rue des Quais , 32 ; Bergé , *inspecteur* , rue Vilaine , 21 ; Huc, *vérificateur* ; Leduc , *premier commis* ; Copineau , *garde-magasin et contrôleur du timbre* ; Godet , *receveur du timbre à l'extraordinaire* ; Delaunay , *timbreur* ; Mme Scotti , *tourne-feuille.*

CONSERVATEUR DES HYPOTHÈQUES.

M. Bonneville , rue Jean-Romain.

RECEVEURS DE L'ENREGISTREMENT.

MM. Leroyer , *actes civils et successions* , rue de l'Odon , 10 ; Letourneur , *actes judiciaires et domaine* , rue de la Chaîne , 12.

SURNUMÉRAIRES.

MM. Rupalley , rue St.-Sauveur ; Degand , rue Guillaume-le-Conquérant.

15ᵐᵉ CONSERVATION DES FORÊTS.

M. Félix, *sous-inspecteur*, rue Saint-Jean, 168.

CONTRIBUTIONS INDIRECTES.

MM. Béné, *directeur*; Clausier, *contrôleur de comptabilité*, rue de l'Oratoire; Lébé-Gigun, *receveur principal*, rue Neuve-St.-Jean; Cavelier, *contrôleur ambulant*, rue du Moulin; Gauthier, *id.*, rue St.-Jean; Mᵐᵉ. Limare, *entreposeur des tabacs*, rue Neuve-des-Carmelites.

COMMIS.

MM. Laizé, rue Neuve; Villemain, rue St.-Jean; Simon, rue St-Jean.

CONTROLEURS DE VILLE.

MM. Willemain, rue Notre-Dame; Tumerel, rue Stᵉ.-Anne; Cornet-Leval, rue St.-Gilles.

CONTRIBUTIONS DIRECTES ET CADASTRE.

MM. Delanney, *directeur*, rue des Cordeliers; Guilloteau, *inspecteur*, rue Bosnières, 9.

CONTROLEURS.

1re. *Division*. M. Duchesne, *contrôleur principal*, rue de Bayeux.
2me. *Division*. M. David, rue St.-Laurent.
3me. *Division*. M. Formigny, rue Vaugueux, 65.
4me. *Division*. M. Housset, rue Neuve-St.-Jean.

SURNUMÉRAIRE.

M. Guilloteau.

CADASTRE.

MM. Simon, *géomètre en chef*, rue Haute; Aubert, *délimitateur*; Damiens, *triangulateur*.

GÉOMÈTRES DE 1re CLASSE.

MM. Desprez, Guillard, Robert, Peschet, Lefèvre, Letellier, Prieur, Castel.

RECETTE GÉNÉRALE.

M. de Rigny, *receveur général et particulier de l'arrondissement*, rue Saint-Louis.

PERCEPTEURS.

1er. *Arrondissement*. MM. Danne, rue des Carmes, 25; 2e. Bertauld, rue St.-Manvieux, 7.

PAYEUR DU DÉPARTEMENT.

M. Giraud, rue de la Marine.

MARINE.

MM. Cagnyé ✼, *commissaire de marine*, rue Neuve-St.-Jean, 2 ; Cagnyé (Alfred), *écrivain entretenu*, rue St.-Jean, 24 ; Bidard ✼, *trésorier*, rue de Vaucelles ; Charaux, *professeur d'hydrographie*, rue de Geôle ; Vauquelin, *syndic des gens de mer*, rue Branville, 34 ; Lecostey, *gendarme de la marine*, rue Neuve-St.-Jean, 18.

OFFICIERS DE PORT.

MM. Renauld ✼, *capitaine de frégate, maître de port*, rue Guilbert ; Motet, *capitaine au long cours*, rue des Quais.

OFFICIERS VISITEURS DE NAVIRES.

MM. Renauld, *maître de port*, rue Guilbert ; Renard, *capitaine au long cours*, place St.-Pierre ; Deboutte, *id.*, rue St.-Jean ; Motet, *id.*, rue des Quais.

COMMISSION D'EXAMEN POUR LES CHIRURGIENS DES NAVIRES DU COMMERCE.

MM. Saint-Fresne, *médecin*, rue St.-Jean ; Lafosse, *chirurgien*, rue de l'Oratoire ; Pigache, *pharmacien*, rue St.-Jean.

SUBDIVISION MILITAIRE.

ÉTAT-MAJOR GÉNÉRAL.

MM. Corbet, C. ✶, *maréchal-de camp, commandant le département*, rue Guilbert ; Corbet, O. ✶, *capitaine d'état-major, aide-de-camp.*

INTENDANT MILITAIRE.

MM. Dupleix ✶, *sous-intendant*, rue Saint-Jean, 152 ; Rousseau, *agent comptable des vivres*, cour du Collége.

GÉNIE.

MM. Creully, *capitaine, commandant le génie*, au Château ; Richer, *capitaine*, au Château.

ARTILLERIE.

M. Rochet ✶, *capitaine, commandant l'artillerie*, au Château.

GENDARMERIE.

MM. Canel, O. ✶, *colonel de la 4ᵉ légion*, rue des Carmes ; Denest, *chef-d'escadron*, rue des Carmes ; Fesneau ✶, *capitaine*, rue des Carmes ; Lecarpentier, *lieutenant, trésorier*, rue des Carmes.

DÉPOT DE REMONTES.

MM. de Villers, *capitaine-instructeur, commandant le dépôt ;* Chassaigne, *vétérinaire en premier ;* Damalix, *id. en second ;*

RECRUTEMENT.

M. Carré ✶, *chef-d'escadron*, rue Guilbert.

CURÉS DE CAEN.

MM. N...., *curé de St.-Jean* ; Montargis, *id. de St.-Pierre* ; Garcel, *id. de St.-Gilles* ; Dupré, *id. de Vaucelles* ; Roger, *id. de St.-Etienne* ; Noël, *id. de Notre-Dame* ; Beaustre, *id. de la Gloriette* ; Lepetit, *id. de St.-Julien*.

ÉGLISE RÉFORMÉE.

MM. Martin Rollin, *pasteur, président du consistoire*, rue de l'Oratoire ; Olive, *pasteur*, rue de Geôle.

POSTES.

INSPECTEUR DU DÉPARTEMENT.

M. Goussu, rue Leroy, 6, à St.-Gilles.

DIRECTEUR COMPTABLE DU DÉPARTEMENT.

M. Proutière, *à la direction*, rue de l'Hôtel-de-Ville.

COMMIS.

MM. Dufresne, 1er *commis*; Lambert, 2e *id*.; Vintras, 3e *id*.; Norbert, 4e *id*.; Proutière fils, 5e *id*.; Labarre, 6e id.

AIDE SURNUMÉRAIRE.

M. Giraud.

FACTEURS DE VILLE.

1°. Jourdain, rue de Vaucelles, 27, 2°. Harend, rue du Vaugueux, 49; 3°. Boucher, rue du Vaugueux, 47; 4°. Huet, grande place St.-Gilles, 11; 5°. Lepetit, rue du Vaugueux, 49; 6°. Manoury, rue de la Fontaine, 1.

Quatre facteurs ruraux sont expédiés tous les jours à 7 heures du matin pour les communes et annexes, dépendant de l'arrondissement des bureaux de Caen.

SERVICE DE CORRESPONDANCE.

Les lettres sont levées une heure avant le départ.

Route de Paris. Paris, Bernay, Croissanville, Evreux, Gacé, le Sap, Lisieux, Livarot, Mantes, Orbec, Thibouville, Vimoutiers, part à 8 heures du matin, arrive à midi.

Route de Rouen. Rouen, Bourg-Achard, Dives, Dozulé, le Havre, Lieuray, Pont-Audemer, Pont-l'Evêque, Touques, Troarn, part à 4 heures du soir, arrive à 6 heures du matin.

Route de Domfront. Domfront, Condé-sur-Noireau, Flers, Harcourt, Tinchebray, part à 7 heures du matin, arrive à 6 heures du matin.

Route de Cherbourg. Cherbourg, Balleroy, Barfleur, Bayeux, Carentan, Coutances, Granville, Isigny, Montebourg, Périers, Saint-Lo, Sainte-Mère-Eglise, Saint-Vaast-la-Hougue, Thorigny, Valognes, part à 4 heures du soir, arrive à 5 heures du matin.

Route de Falaise. Falaise, Alençon, Argentan, Laferté-Macé, Laigle, Langannerie, Mortrée, Nonant, Séez, Verneuil, part à 4 heures du soir, arrive à 5 heures du matin.

Route de Rennes. Rennes, Autrain, Aulnay, Avranches, Brest, Fougères, Mortain, Sourdeval, Saint-Aubin du-Carnier, Saint-Hilaire-du-Harcouet, Saint-Malo, Saint-Sever, Villedieu, Villers-Bocage, Vire, part à 4 heures du soir, arrive à 5 heures du matin.

Route de Tilly-sur-Seulles. Part à midi

arrive à 6 heures du matin.

Route de la Délivrande. Part à midi, arrive à 6 heures du matin.

Route de Creully. Part à 1 heure du soir, arrive à 6 heures du matin.

Route d'Évrecy. Part à 1 heure du soir, arrive à 6 heures du matin.

Route de Bavent. Part à 1 heure du soir, arrive à 6 heures du matin.

Les bureaux de la poste sont situés près de la place Royale, rue de l'Hôtel-de-Ville. Il y a en outre deux boîtes supplémentaires, l'une à Vaucelles, et l'autre, au Bourg-l'Abbé, qui sont levées à cinq heures et demie du matin, onze heures du matin, et deux heures et demie du soir.

En été, les bureaux sont ouverts depuis 7 heures du matin, jusqu'à dix heures du soir; en hiver, ils n'ouvrent qu'à huit heures du matin.

POSTE AUX CHEVAUX.

M. Toutain, *maître de poste*, rue Neuve-des-Carmélites.

DILIGENCES.

Le bureau des messageries royales de la rue Notre-Dame-des-Victoires, est place Royale. Il part de ce bureau une voiture pour Paris, un jour à sept heures du matin, le lendemain à 5 heures du soir. De ce même bureau part tous les deux jours une voiture pour Cherbourg à 6 heures du matin, et une malle-poste à 3 heures et demie du soir d'un jour à l'autre. Tous les jours il part de cet établissement une voiture pour Rennes, et une pour Bayeux, à 4 h.

Les messageries Lafitte et Caillard sont dans la rue Notre-Dame. Tous les deux jours il part de là pour Paris une voiture à 7 heures du matin, et le lendemain une autre à 5 heures du soir, en alternant avec l'autre entreprise. Pour les routes de Cherbourg et de Rennes, il en est de même. Seulement tous les jours à 3 heures du soir, il part une voiture pour Vire, et une pour Bayeux, à 4 heures.

BERLINES DU COMMERCE.

Association mutuelle contre le monopole des grands bureaux.

Chaque action est de 50 fr.

Les berlines du commerce, rue Saint-Jean, 71, ont été fondées par une société de négociants de Caen. Tous les jours il part une voiture pour Paris ; les prix de transport pour les voyageurs et les bagages sont des plus modérés.

Condé-sur-Noireau, rue Saint-Pierre et place du Marché-au-Bois à 6 heures du matin.

Falaise, rue Saint-Pierre, à deux heures.

Alençon, hôtel d'Espagne, rue Saint-Jean, à 6 heures du matin.

Honfleur, hôtel d'Espagne, rue Saint-Jean, à 8 heures du matin.

Lisieux, hôtel Saint-Pierre, rue Saint-Pierre, à 2 heures et demie d'après-midi.

Nota. On trouve des prospectus détaillés à la librairie d'Aimé Avonde.

Honfleur, hôtel de la Victoire, à 1 heure d'après-midi.

Lisieux, rue de l'Oratoire, à 2 heures et demie d'après-midi.

Rouen, rue de l'Oratoire, à 2 heures et demie d'après-midi.

Villers, hôtel Saint-Pierre, rue Saint-Pierre, à 4 heures après-midi.

Argences, hôtel Saint-Pierre, rue Saint-Pierre, à 4 heures après-midi.

La Délivrande, place du Marché-au-Bois, à 2 heures et demie d'après-midi.

Creully, chez Bazire, rue aux Lisses, à 4 heures après-midi.

Creully, hôtel de la Belle-Epée, rue Saint-Pierre, à 4 heures après-midi.

Harcourt, hôtel de la Belle-Epée, rue Saint-Pierre, à 3 heures après-midi.

Courseulles, place du Marché-au-Bois, à 4 heures après-midi.

Evrecy, hôtel du Grand-Dauphin, rue Notre-Dame, lundi, mercredi, vendredi, samedi à 4 heures et demie après-midi.

Tilly, hôtel de la Belle-Epée, rue Saint-Pierre, à 4 heures après-midi.

JURY MÉDICAL.

MM. Bérard, *professeur à la faculté de médecine de Paris, président*; Pélerin, *médecin*, rue Neuve-St.-Jean, 52; Lafosse, *id.*, rue de l'Oratoire.

JURY DE PHARMACIE.

MM. Decourdemanche, *pharmacien*, rue

Froide ; Guérin, *id.*, rue St.-Pierre ; Pigache, *id.*, rue St.-Jean ; Delarue, *id.*, à Lisieux ; Trouvé, *conservateur du dépôt de vaccin*, rue des Carmes.

MÉDECINS DES PRISONS.

MM. Raisin fils, *médecin*, rue au Canu ; Lelarge, *chirurgien*, impasse Gohier ; Raisin père, *pour les épidémies.*

MÉDECINS DE L'HOTEL-DIEU.

MM. Trouvé, *médecin en chef*, rue des Carmes ; Lesauvage, *chirurgien en chef*, rue de Bernières ; Leprestre, *id. adjoint*, rue de l'Odon ; Lemarchand, *pharmacien*, rue St.-Pierre ; Mlle Dessillons, *sage-femme.*

DISPENSAIRE DE LA VILLE DE CAEN.

Cette utile institution date de 1822. Elle a pour but 1° de porter des secours à domicile aux pauvres malades qui jouissent, en travaillant, d'une certaine aisance, mais qu'une maladie un peu longue pourrait jeter dans la misère ; 2° de délivrer des billets pour entrer à l'hospice, aux pauvres qui sont dénués de toutes ressources.

Chaque paroisse a un ou plusieurs médecins suivant qu'elle est plus ou moins considérable. Ces médecins sont nommés par le bureau de bienfaisance.

Deux chirurgiens, six sages-femmes et cinq pharmaciens sont attachés au dispensaire.

Le bureau de bienfaisance a nommé pour chaque paroisse des sœurs de providence, pour concourir avec les médecins au soulagement des malades indigents.

BUREAU DE BIENFAISANCE.

MM. Donnet, maire de Caen, *président*; Cauvet, place Fontette; Dupré, *curé* de Vaucelles; Abel Vautier, *négociant*, rue St.-Jean; Desnoyers, *avoué à la cour royale*, place Royale; Asselin, *docteur-médecin*, rue de Geôle; Lebailly, *secrétaire*; Mongenest, *receveur*.

MÉDECINS

MM. Saint-Fresne, rue St.-Jean, 120; Vastel, rue St.-Louis; Leprovost, rue du Lycée, 15; Leboucher, rue de l'Académie, 10; Bourienne, rue Froide, 21; Lafosse, rue de l'Oratoire; Chibourg, rue de Geôle, Faucon, rue de la Préfecture, 6; Luard, rue de Vaucelles; Leclerc, rue Sainte-Anne, 5; Durand, rue Gémare, 21; Ameline, rue des Carmélites; Martin, rue Ecuyère, 17; Etienne, place St.-Sauveur; Thibout, rue Neuve-des-Cordeliers.

CHIRURGIENS.

M. Eudes Deslongchamps, rue de Geôle;

Lebidois, place Royale ; Lelarge, *maître en chirurgie*, rue aux Lisses.

PHARMACIENS.

MM. Zil-des-Iles, place St.-Sauveur, 5 ; Decourdemanche, rue Froide, 22 ; Roussette, place Royale, 5 ; Pigache, rue St.-Jean ; Lemarchand, rue St.-Pierre, 29.

SAGES-FEMMES.

Mmes Laville, rue d'Auge, 32 ; Boursin-Leterrier, rue des Cordes, 18 ; Chapelle, rue du Vaugueux, 62 ; Goubin-Maheust, rue de Geôle, 17 ; Goubin-Demarre, rue Ecuyère, 30 ; Berthout, rue St.-Martin, 43.

TROISIÈME PARTIE.

INDICATEUR

COMPLET

DE LA

VILLE DE CAEN.

III.

COMMERCE DE CAEN.

AGENTS D'AFFAIRES.

Binet, rue de l'Odon.
Buret, rue aux Namps, 8.
Seigneurie, rue de Geôle, 55.
Tirel, rue St.-Martin.

AGENTS D'ASSURANCES CONTRE L'INCENDIE ET SUR LA VIE DES HOMMES.

Veuve Bellamy (Assurances générales), rue de Geôle.
De Boislambert (Compagnie royale), quai Vendœuvre.
Déloges (Assurance mutuelle), r. des Carmes, 21.
Foucher (Compagnie du Phénix), r. des Carmes, 22.
Godefroy (Compagnie de l'Union), rue St.-Laurent.

AGENT D'ASSURANCES MARITIMES ET CONTRE LES RISQUES DE GUERRE.

H. Frémont (Compagnie d'Anvers), rue des Quais, 20.

AGENTS DE CHANGE.

Voir *Courtiers de commerce*.

AGENTS DE REMPLACEMENT MILITAIRE.

Bidard (Maison Boëhler et compagnie), rue St.-Laurent.
Callouet (Maison Turpin et Mercier), r. Froide, 23.
Choiset (Maison Musset et Sollier), r. St.-Jean, 88.
Commun (Maison Bonnet), rue St.-Pierre, 21.
Enault, rue Ecuyère, 14.
Féret, place de la Comédie.
Lumière et Hamel, montoir de la Poissonnerie, 18.
Mathurin père et fils, rue St.-Malo, 2.

ARCHITECTES.

Beaumont, rue Saint-Jean, 199.
Guy, rue Singer.
Romain, r. des Jacobins.
Vérolles, rue St.-Pierre.
Weil, rue Singer.

ARMATEURS.

Angot, rue de Vaucelles.
Gosselin aîné, rue de la Monnaie.
Jobert frères, rue Guilbert.
Lecavelier (P.), rue Guilbert.
Lecesne, rue des Carmes.
Lécluse, rue Neuve-St-Jean.
Moisson fils (Pierre), rue Guilbert, 16.
Mottelay, rue de Vaucelles.
Tillard, impasse de l'Hôtel-Dieu.

ARMURIERS.

Brézol, rue Hamon, 5.
Lebaron, r. St.-Jean, 80.
Rebut, r. St.-Jean, 178.

AUBERGISTES.

Adam, Maladrerie.
Anne, rue Formage, 16.
Aubert, r. Caponnière, 1.
Auvray, rue Notre-Dame, 71.
Aze, rue St.-Pierre, 28.
Bazire, rue aux Lisses, 6.
Bijou, r. St.-Martin, 30.
Bissonnais, r. de Bayeux, 25.
Dajon, rue Gémare, 11.
Ducis, r. St.-Pierre, 67.
Fontaine, venelle St-Blaise, 1.
Groult, place de la Comédie, 9.
Halley, rue Ste.Paix, 78.
Héloin, rue Caponnière, 19.
Jean, r. de Vaucelles, 7.
Lamer, r. de Falaise, 82.
Leblais, place de l'Ancienne-Petite-Boucherie, 108.
Lecourtois, rue de Falaise, 53.
Lefèvre, place de la Poissonnerie, 3.
Legourdier, Venelle-aux-Chevaux, 3.

Lemonnier, montoir de la Poissonnerie, 18.
Lenormand, rue Froide, 17.
Lepelletier, rue du Gaillon, 1.
Lerendu, r. d'Auge, 12.
Letellier, rue de Vaucelles, 21.
Lhonoré, rue de Vaucelles, 35.
Lhonoré, rue de Vaucelles, 50.
Louvier, Marché-au-Bois, 12.
Marguerie, Puits-ès-Bottes, 5.
Monnot, rue de Vaucelles, 2.
Othon, r. Ste.-Paix, 79.
Paul, rue Ecuyère, 14.
Perrier, r. au Canu, 24.
Picard, rue du Tour-de-Terre, 12.
Planquette, rue de l'Eglise-de-Vaucelles, 4.
Rivière, rue des Capucins, 88.
Tillard, rue Notre-Dame, 75.
Tostain, rue de la Boucherie, 25.
Vincent, rue du Vaugueux, 12.
Simion, rue de l'Ancienne-Halle, 4.
Rivière, r. St-Martin, 22.

BAIGNEURS.

Bidet, rue de Vaucelles, 44.
Dubois, place des Casernes.

Lair-Duclos, rue des Jacobins, 46.
Poitevin, place de la Comedie.

BALANCIERS – AJUSTEURS.

Garat, rue de Geôle, 18.
Gauthier, cours Courtonne.

BANQUIERS.

Veuve Bellamy, rue de Geôle.
Donnet aîné, place St.-Sauveur, 20.
Dumesnil-Dubuisson, rue des Carmes, 28.
Guilbert et Cie., rue du Moulin, 3.
James, impasse Gohier.
Lecavelier, rue Guilbert.
Lemanissier fils, rue Notre-Dame.
Marie, r. du Moulin, 6.

BIJOUTIERS, ORFÉVRES.

Alazard, rue Froide, 8.
Beaufort, rue St.-Jean, 115.
Borgnis, dit Desbordes, rue St.-Jean, 63.
Canet, r. St.-Jean, 155.
Gautier, r. St.-Jean, 93.
Gombault, rue St.-Jean, 37.
Pasquet, rue Notre-Dame, 51.

BIMBELOTIERS.

Béquet, r. St-Pierre, 54.
Lange, Petits-Murs, 12.
Veuve Seigneurie, r. des Quais, 6.
Seigneurie fils, rue St-Jean, 97.

BLANCHISSEURS.

Blot, rue des Blanchisseries, 9.
Decaen, rue de l'Abbatiale, 3.
Guibert, rue de l'Ancien-Hôtel-Dieu.
Laison, rue des Blanchisseries.

BOISSELIER.

Gallois, rue St.-Etienne, 149.

BOUCHERS.

Adam, place Saint-Pierre, 21.
Aubert, r. aux Lisses, 24.
Bedouel, r. des Sables, 7.
Bedouel, r. St. Jean, 48.
Blin, r. Caponnière, 20.
Boissée, rue Hamon, 5.
Boscher, Maladrerie.
Bougy, rue de la Boucherie, 21.
Boutrais, rue Notre-Dame, 104.
Catillon, rue des Sables.
Chemin, r. aux Lisses, 29.
Cornet, rue de la Boucherie, 29.
Cornet, rue de la Boucherie, 7.
Cornet, r. Ecuyère, 23.
Cornet, rue de Vaucelles, 25.
Cornet-Farollet, rue de la Boucherie, 11.
Delandes, rue de la Boucherie, 13.
Duval, r. des Sables, 1.
Farollet, rue de la Boucherie, 1.
Gaugain, rue des Capucins, 40.
Groscol, r. de Falaise, 5.
Guilbert, r des Sables, 5.
Guilbert, rue de Vaucelles, 46.
Guillot, r. des Sables, 4.
Veuve Hamelet, rue St-Jean, 200.
Hébert, rue de la Boucherie, 17.
Heudiet-Dupont, rue de la Boucherie, 4.
Hébert, rue d'Enfer, 6.
Houel, montoir de la Poissonnerie, 30.
Houel, r. des Sables, 2.
Houel, rue du Vaugueux, 1.
Lavigne, rue du Moulin, 15.
Lebosq, rue de la Boucherie, 3.
Lechartier, rue de la Boucherie, 2.
Lechartier, rue St.-Etienne, 131.
Lecointe, rue de la Boucherie, 9.
Lecourtois, rue du Moulin, 7
Legost, place de l'Ancienne-Boucherie, 39.

Lemarchand, rue du Moulin, 10.
Maheut, r. Vilaine, 23.
Marc, rue de la Boucherie, 19.
Marc, montoir de la Poissonnerie, 23.
Mérite, montoir de la Poissonnerie, 8.
Mérite, Porte-au-Berger, 2.
Olive, r. des Jacobins, 4.
Quentin, rue Caponnière, 13.
Quentin, montoir de la Poissonnerie.
Quentin, r. St.-Jean, 173.
Ste.-Croix, rue de la Boucherie, 6.
Seigle, r. St.-Sauveur, 18.
Thomine, rue St-Jean.
Trublet, rue de Vaucelles, 71.
Ygouf, rue de la Boucherie, 15.
Vassel, r. St.-Nicolas, 94.

BOULANGERS.

Bazire, rue de Vaucelles, 122.
Benoit, Puits-ès-Bottes, 8.
Binet, rue des Capucins, 76.
Bétourné, rue Basse, 23.
Bompain, rue des Jacobins, 13.
Boivin, montoir de la Poissonnerie, 25.
Boivin, place de la Poissonnerie, 7.
Brart, r. Pémagnie, 18.

Brunet, r. Caponnière, 82.
Bunouf, rue Basse.
Busnel, r. de Bayeux, 10.
Canivet, rue Formage, 3.
Casset, rue aux Lisses, 8.
Catherine, place de l'Ancienne-Boucherie, 120.
Chevalier, rue St.-Jean, 165.
Chuquet, r. Ste.-Paix, 24.
Cliquet, rue de Falaise, 8.
Coudray, place St.-Sauveur, 7.
Cosnard, r. de Geôle, 13.
Criquet, r. St.-Jean, 198.
Criquet, Venelle-aux-Chevaux, 20.
Defrance, rue du Vaugueux, 22.
Delalande, rue Notre-Dame, 81.
Denis, r. de Vaucelles, 98.
Derel, r. Caponnière, 12.
Derenémesnil, rue des Teinturiers, 16.
Diée, rue de Bayeux, 71.
Diée, rue aux Lisses, 31.
Duchemin, rue St.-Pierre, 4.
Duclos, r. St.-Jean, 116.
Dumesnil, rue St.-Jean, 257.
Dumont, rue de Bayeux, 88.
Dupont, r. d'Auge, 82.
Fontaine, Puits-ès-Bottes, 4.
Fournet, rue d'Auge, 5.
Fournet, Marché-au-Bois, 15.
Galard, r. de Falaise, 10.
Gallois, r. de Falaise, 85.
Garnier, place de la Co-

médie, 4.
Godard, rue Pavée, 39.
Godard, r. des Quais, 38.
Gouley, rue Ecuyère, 7.
Guy, rue St.-Jean, 145.
Hallot, rue Froide, 6.
Harang, rue de Vaucelles, 64.
Hélouin, rue d'Auge, 4.
Heugues, r. St.-Jean, 36.
Heuzé, rue Branville, 42.
Houtain, rue St-Etienne, 110.
Hubert, rue Notre-Dame, 99.
Huguet, cour de la Monnaie, 2.
Lafosse, Petits-Murs, 12.
Lainé, rue de Vaucelles, 48.
Lair, rue St.-Jean, 228.
Lalonde, venelle des Protestants.
Langlois, rue Caponnière, 5.
Larcher, Maladrerie.
Laurent, montoir de la Poissonnerie, 9.
Lavoine, rue du Pavillon, 6.
Lebourrelier, rue Caponnière, 28.
Lebrun, r. St.-Jean, 171.
Lebrun, r. St.-Sauveur, 6.
Lecomte, rue des Capucins, 50.
Lecomte, Venelle-aux-Chevaux, 14.
Lecoq, r. du Moulin, 13.
Lecouturier, rue Saint-Pierre, 23.
Ledain, rue St.-Jean, 76.
Lédan, Puits-ès-Bottes, 6.

Lefêvre, montoir de la Poissonnerie, 15.
Lefêvre, rue Hamon, 8.
Lefêvre, rue Notre-Dame, 95.
Lefêvre, rue Neuve-St.-Jean, 3.
Lefêvre, rue Guillaume-le-Conquérant, 28.
Leger, rue St.-Martin, 50.
Legrand, rue St.-Nicolas, 90.
Leguay, rue Notre-Dame, 55.
Lemarchand, hameau de la Folie.
Lenoble, r. Ecuyère, 14.
Lepelletier, rue Branville, 43.
Lepetit, Maladrerie.
Lesueur, r. St.-Jean, 214.
Letellier, r. St.-Etienne, 122.
Letellier, rue du Vaugueux, 32.
Letouzé, r. des Quais, 10.
Lepailleur, r. de Bayeux, 54.
Londe, r. Pémagnie, 11.
Lucas, rue des Capucins, 56.
Madeline, r. aux Lisses, 48.
Marescal, r. de l'Oratoire, 25.
Marguerite, rue S.-Jean, 102.
Menard, rue St.-Etienne, 133.
Mouget, r. de Bayeux, 71.
Morin, r. St.-Martin, 60.
Nicolle, venelle Campion, 3.

Noël, rue des Carmes, 7.
Ozanne, rue S.-Pierre, 20.
Pagny, rue Ecuyère, 16.
Pétremenne, r. Froide, 37.
Philmont, rue aux Lisses, 30.
Picard, rue Gémare, 15.
Poupinel, r. St.-Jean, 41.
Prempain, rue de Vaucelles, 28.
Provost, rue des Carmes, 62.
Radiguet, rue Saint-Pierre, 34.
Radiguet, rue du Vaugueux, 13.
Renouf, rue Notre-Dame, 113.
Renouf, r. du Vaugueux, 3.
Renouf, r. du Vaugueux, 19.
Richer, rue S.-Jean, 193.
Robillard, rue de Vaucelles, 29.
Roucamps, rue St.-Jean, 125.
Roulland, r. Vilaine, 10.
Tavernier, r. Gémare, 18.
Thurin, rue Notre-Dame, 52.
Touquet, r. du Vaugueux, 36.
Viel, r. St.-Sauveur, 35.
Vimont, r. Ecuyère, 21.
Voisin, r. Pavée, 112.
Voisin, r. St.-Jean, 55.
Voisin, r. Basse, 11.

BRASSEURS.

Boissée, rue Pailleuse, 3.

Brazil, rue de la Boucherie, 31.

BROSSIERS.

Alix, rue St. Jean, 168.
Outardel, r. St.-Pierre, 4.

CABARETIERS.

Amiard, rue de l'Ancienne-Petite-Boucherie, 126.
André, rue de Vaucelles, 24.
Antoine, r. St.-Jean, 77.
Angot, rue Basse, 33.
Aubert, Maladrerie.
Aubry, Marché-au-Bois, 49.
Auvray, Venelle-aux-Chevaux.
Barbey, r. St.-Jean, 217.
Barrey, rue des Capucins, 68.
Basselin, pont St.-Pierre, 3.
Bazin, rue du Vaugueux, 56.
Benoist, rue de Geôle, 4.
Berceau, cour de l'Ancienne-Halle, 8.
Bernier, r. de Vaucelles, 9.
Berthelot, rue des Capucins, 108.
Bertrand, rue Pémagnie, 15.
Bidot, r. Traversière, 1.
Bisson, rue Notre-Dame, 83.
Bisson, r. St.-Jean, 191.
Bottet, rue St-Jean, 226.

Boullier, r. Notre-Dame, 62.
Bouquet, rue Ste.-Paix, 80.
Bouteiller, rue de la Pigacière, 2.
Brunet, r. de Vaucelles, 114.
Burnet, r. Notre-Dame, 78.
Canu, rue Guillaume-le-Conquérant, 32
Castel, r. de Falaise, 59.
Catillon, montoir de la Poissonnerie.
Cauvin, r. du Ham, 2.
Chapron, rue de Vaucelles, 90.
Chauvière, rue du Vaugueux, 16.
Chemin, r. Formage, 17.
Clérisse, r. St.-Jean, 142.
Cœuret, r. de la Boucherie, 27.
Colette, rue Gémare, 11.
Cotentin, rue de la Marine, 6.
Coudray, rue Notre-Dame, 75.
Delaunay, rue du Pont-Créon, 19.
Delayen, rue aux Lisses, 39.
Descotils, rue de l'Epicerie, 12.
Denis, rue de Falaise, 84.
Dezer, r. des Teinturiers, 4.
Dolard, r. St.-Jean, 224.
Dubois, r. St.-Malo, 2.
Dufrêne, rue de Falaise.
Dujardin, rue du Tour-de-Terre, 3.
Dupont, rue de l'Epicerie, 13.
Duval, r. de Villers, 107.
Duval, r. aux Lisses, 56.
Duval, r. St-Etienne, 147.
Faucon, rue des Capucins, 3.
Félié, r. du Boulevard, 6.
Féret, r. des Toiliers, 9.
Féron, r. Ste.-Paix, 4.
Fontaine, rue de Falaise, 53.
Foucher, r. d'Enfer, 5.
François, rue du Pavillon, 13.
Frilay, rue de la Chaîne.
Garnier, Maladrerie.
Gasset, rue des Capucins, 14.
Gastebled, rue Bosnières, 18.
Germain, r. de l'Odon, 3.
Gibert, r. St.-Jean, 62.
Giffard, r. de Falaise, 23.
Giguet, rue Basse, 7.
Gillette, r. de Geôle, 4.
Gonsalve, rue St.-Jean, 236.
Goussiaume, rue Caponnière, 27.
Grippon, rue du Vaugueux, 21.
Guilbert, venelle du Mesnil-Thouret.
Guillet, rue Formage, 2.
Guin, r. de l'Odon, 23.
Hautpois, r. de Geôle, 5.
Hébert, r. des Carmes, 55.
Herrier, rue Basse, 14.
Houssaye, rue de la Boucherie, 17.

Hubert, rue St.-Sauveur, 37.
Hue, Venelle-aux-Chevaux, 11.
Huet, rue Ste.-Paix, 75.
Jacquelin, rue St.-Sauveur, 1.
Jeanne, r. des Jacobins, 24.
Jeanne, r. du Vaugueux, 6.
Jouanne, r. St.-Sauveur, 15.
Labout, rue d'Auge, 80.
Laigle, rue Basse, 3.
Lair, rue de Vaucelles, 106.
Lallemand, rue St.-Martin, 15.
Lalonde, r. aux Lisses, 36.
Lamidey, rue St.-Malo, 6.
Lamer, r. de Vaucelles, 54.
Lamoureux, rue des Capucins, 56.
Lavigne, au Palais de Justice.
Lavinay, r. d'Auge, 49.
Lebailly, r. Bosnière, 12.
Leboulanger, Puits-ès-Bottes, 3.
Lebourgeois, rue des Jacobins, 5.
Leboussonnier, rue de Vaucelles, 11.
Lebrun, rue d'Auge, 75.
Lecanu, rue des Teinturiers, 17.
Lechartier, rue St-Martin, 3.
Ledoux, Porte-au-Berger, 7.
Lefèvre, r. des Quais, 2.
Lefortier, r. de Falaise, 16.
Legentil, rue de l'Epicerie, 15.
Legouix, r. St.-Laurent, 11.
Legrand, r. du Gaillon, 6.
Lehot, rue St.-Jean, 183.
Lelièvre, Maladrerie.
Lemarié, rue de la Boucherie, 5.
Lemercier, rue de Falaise, 7.
Leprovost, r. de Falaise, 86.
Leprovost, rue du Pavillon, 7.
Lerebourg, rue de la Préfecture, 11.
Leroux, r. St.-Malo, 17.
Letellier, r. de Bayeux, 32.
Letellier, montoir de la Poissonnerie, 9.
Letourneur, Puits-ès-Bottes, 2.
Loison, r. du Milieu, 25.
Lomer, r. St.-Martin, 5.
Luquenaz, rue St.-Nicolas, 89.
Mahieu-Lambert, rue de la Boucherie, 11.
Malas, r. St-Malo, 13.
Malombe, rue des Quais, 29.
Malou, rue St.-Jean, 202.
Manchon, rue du Pavillon, 14.
Marie, rue de Falaise, 21.
Marie, r. de l'Oratoire, 1.
Martin, rue St.-Jean, 57.
Martin, r. St.-Jean, 196.
Michel, rue de l'Epice-

rie, 21.
Michel, Maladrerie.
Michin, place St.-Pierre, 23.
Mirerdel, rue des Capucins, 3.
Motras, rue de Geôle, 3.
Morand, rue St.-Martin, 45.
Niard, rue du Tour-de-Terre, 2.
Nicolle, Venelle-aux-Chevaux, 16.
Noël, rue Basse, 19.
Noël, rue St.-Pierre.
Olivier, r. des Carmes, 59.
Othon, rue d'Auge, 20.
Pailleur, rue des Capucins, 29.
Paillix, venelle du Mesnil-Thouret.
Palluel, rue des Quais.
Pagny, rue de Geôle, 9.
Pelletier, r. de Bayeux, 110.
Peullier, hameau de la Folie.
Picard, rue St.-Jean, 44.
Pichard, rue St.-Jean, 36.
Piédoux, rue de Vaucelles, 43.
Piel, rue des Carmes, 34.
Pierre, rue St.-Malo, 3.
Piquot, rue des Quais, 14.
Postel, rue de la Prairie-St.-Gilles.
Postel, r. St.-Sauveur, 4.
Poulard, rue Neuve-St.-Jean, 36.
Préterre, rue de la Comédie, 5.
Prével, rue St.-Nicolas, 104.
Putot, rue Basse, 9.
Ramousse, rue de la Prairie-St.-Gilles.
Regnauld, place de la Poissonnerie, 5.
Regnault, rue St.-Jean, 206.
Revel, r. Caponnière, 21.
Revel, Maladrerie.
Roger, Maladrerie.
Rogues, rue Formage, 1.
Saint-Martin, place St.-Sauveur, 3.
Scelles, rue au Canu, 7.
Sébire, r. de l'Odon, 25.
Tapin, montoir de la Poissonnerie, 2.
Thélémaque, rue Neuve-St.-Jean, 52.
Thifaux, r. Ste.-Paix, 23.
Thouroude, r. Montaigu.
Triboullard, place St.-Sauveur.
Troplong, impasse Gohier, 9.
Vardon, rue des Capucins, 76.
Vasnier, rue de Bayeux, 56.
Vageon, place de la Comédie, 3.
Viel, rue Bosnière, 4.
You, Maladrerie.

CABINETS DE LECTURE DE JOURNAUX.

Lebaron, place St.-Sauveur, 14.
Mancel, r. St.-Jean, 66.
Queudrue, rue St.-Jean.

Trébutien, rue des Carmelites, 6.

CAFETIERS.

Beuron, rue de l'Oratoire, 27.
Binet, r. de l'Oratoire, 10.
Binet, r. St-Jean, 90.
Binet, place Royale, 1.
Boisard, rue de la Comédie, 2.
Chiarisia, cour de la Halle.
Collet, dit François, rue St.-Jean, 23.
Coulibœuf, rue St.-Jean, 138.
Dubosq, place de la Comédie, 6.
Duparc, place St.-Sauveur, 11.
Dupont, Pont-St.-Jacques, 9.
Enguerrand, place de la Préfecture, 15.
Fermine, rue St.-Jean, 243.
Foucard, rue de Vaucelles, 75.
Foucher, rue de Falaise, 10.
Frontin, r. Notre-Dame, 40.
Garnier, rue Quincampoix, 7.
Gilbert, place de l'Ancienne-Boucherie, 106.
Gouy, Venelle-aux-Chevaux, 27.
Granderie, rue Froide, 39.
Guilbert, rue des Jacobins, 4.
Hettier, rue de Vaucelles, 89.
Jalley, rue St.-Pierre, 43.
Jeanne, Marché-au-Bois, 13.
Jouanne, rue Notre-Dame, 67.
Lair, r. St.-Etienne, 143.
Lallemand, r. St.-Martin.
Lancelin, rue d'Auge, 8.
Langlois, rue de Vaucelles, 1.
Lavigne, r. des Jacobins, 27.
Lechangeur, rue de Vaucelles, 58.
Lecomte, Pont-St.-Pierre, 2
Lecorneur, r. de Falaise, 14.
Lefort, place Royale, 13.
Legentil, r. St-Martin, 13.
Lemarchand, rue Caponnière, 6.
Lemarchand, rue de Vaucelles, 102.
Leroy, rue St.-Jean, 127.
Letellier, r. St.-Jean, 51.
V• Letellier, r. St-Jean, 69.
Levard, r. de Vaucelles, 57.
Loisel, place St-Sauveur, 6.
Manoury, r St.-Jean, 98.
Martin, rue Notre-Dame, 87.
Morisée, Marché-au-Bois, 7.
Mottelay, rue de la Comédie, 7.
Mottelay, r. du Moulin, 16.

Mottelay, rue St.-Pierre, 29.
Nicole, rue St-Etienne.
Patard, r. St.-Jean, 112.
Perrié, r. St.-Jean, 163.
Piel, Marché-au-Bois, 10.
Pierre, rue de Vaucelles, 32.
Pigache, place St.-Pierre, 8.
Rivière, place Royale, 2.
Roger, r. St.-Laurent, 6.
Salles, place de l'Ancienne-Petite-Boucherie, 110.
Salles, r. St.-Sauveur, 27.
Tison, rue St.-Jean, 83.
Vincent, r. St.-Jean, 22.

CHANGEURS DE MONNAIE.

Colin, place St.-Pierre, 10.
Jacquot, Venelle-aux-Chevaux, 24.
Jamet, place St.-Pierre, 6.
Sébire, place St.-Pierre, 12.

CHAPELIERS.

Boutrais, place St.-Pierre, 12.
Couvrechef, rue de Vaucelles, 78.
Duhomme, rue St.-Pierre, 10.
Hue, rue St.-Pierre, 5.
Festu, Venelle-aux-Chevaux, 4.
Lefrançois, rue St.-Jean, 94.
Manoury, pont St.-Pierre, 15.
Mirey, rue Guillaume-le-Conquérant, 10.
Reverdy, Venelle-aux-Chevaux, 19.
Rocquier, rue St.-Sauveur, 34.
Vasnier, r. St,-Jean, 189.

CHARCUTIERS.

Chapelain, rue St.-Etienne, 13.
Couteux, r. St-Pierre, 5.
Lemaire, rue St.-Jean, 128.
Trublet, r. de Vaucelles, 74.

CHARPENTIERS.

Guillot, Maladrerie.
Marguerite, rue des Capucins, 98.
Vauquelin, place St.-Martin.
Vauquelin, place de la Marre-St.-Julien.

CHARRONS.

Aubey, r. du Milieu, 21.
Bonvalet, rue de la Comédie.
Bourcier, rue du Vaugueux, 25.
Fauvel, rue Singer.
Gondier, r. Pailleuse, 7.
Hardy, rue Guilbert, 13.
Heudiard, rue St.-Jean, 259.
Hugo, rue Neuve-des-Carmelites.
Jeanne, dit Valence, rue de Bayeux, 9.

Lamy, Maladrerie.
Létourneau, rue des Jacobins, 9.
Piéplu, rue d'Auge, 40.
Piéplu, r. de Bayeux, 7.
Poittevin, rue de Bayeux, 11.
Samson, r du Gaillon, 2.
Soucard, rue d'Auge, 13.
Vauquelin, rue des Jacobins, 32.
Vauquelin, r. aux Juifs, 8.
Voisin, r. de Lisieux, 25.

CHASUBLIER.

Veuve Catel, rue Notre-Dame.

CHAUDRONNIERS.

Barbey, venelle Mesnil-Thouret.
Bastide, Maladrerie.
Beauvais, r. de Bayeux, 4.
Dumenne, rue des Teinturiers, 16.
Eudes, r. Caponnière, 4.
Eudes, r. St.-Martin, 23.
Flon, r. St.-Etienne, 116.
Henry, r. St.-Laurent. 8.
Lemonnier, rue St-Jean, 205.
Liégard, r. Pémagnie, 4.
Liégard, rue St.-Sauveur, 9.
Liot, rue Calibourg, 11.
Robbe, r. de Lisieux, 35.
Seigneurie, rue de Lisieux, 38.

CHIRURGIENS.

Chapron, rue Saint-Jean, 239.

Eudes-Deslonchamps, r. de Geôle.
Heuzey, rue de Geôle.
Lebidois fils, place Royale.
Lelarge, rue aux Lisses.

CIRIERS.

Gosselin, r. St-Pierre, 37.
Lecomte-Ravenel, rue Notre-Dame.
Leretour-Diony, rue St-Pierre, 22.

COLPORTEURS ET MARCHANDS FORAINS.

Busnel, rue de Falaise, 70.
David et Ferouelle, pont St.-Jacques, 3.
Guilbert, rue St.-Jean,
Lajonquière, Puits-ès-Bottes, 20.
Leclerc, Puits-ès-Bottes.
Maillard, r. Ecuyère, 49.
Maréchal, r. Ecuyère, 14.
Salmon, r. du Vaugueux, 53.

COMMISSAIRES–PRISEURS.

Mériel, rue de la Chaîne, 18.
Pichon, rue des Carmelites, 5.
Salle de vente des Commissaires-priseurs, rue des Carmelites, 15.

COMMISSIONNAIRES DE ROULAGE.

Caret et Huvet, rue

des Quatre-Vents, 4.
Héron, rue de Vaucelles, 35.
Lemore, id., 47.
H. Paysant et Cie, rue St.-Jean, 124.
A. Paysant, rue Frementel, 1.

CONFISEURS.

Berjot, rue Saint-Pierre, 6.
Gilette, pont St.-Pierre, 14.
Jacquot, rue St.-Jean, 113.
Martin, r. St.-Pierre, 14.
Pernelle, rue St.-Pierre, 28.
Roussel, rue Notre-Dame, 69.

CONSTRUCTEURS DE CANOTS.

Morice, place des Casernes.
Pouillot, rue des Carmes, 64.

CONSTRUCTEURS DE NAVIRES.

Corneur frères. (chantier vis-à-vis le Rond-Point du port), rue de Vaucelles.
Esnault (chantier près le pont des Carmes), rue des Carmes, 43.
Gast, (chantier vis-à-vis les Abattoirs), r. des Quais.

COQUETIERS.

Arnaud, rue Ecuyère, 30.
Aubrais, rue du Vaugueux, 43.
Aubert, rue Coupée, 2.
Auvray, Marché-au-Bois, 4.
Bacon, r. de Falaise, 37.
Bazin, rue de Vaucelles, 92.
Benoît, r. des Carmes, 15.
Blascher, Puits-ès-Bottes, 9.
Blanlot, rue de Vaucelles, 38.
Bonnet, place St.-Pierre, 22.
Boulanger, r. Coupée, 14.
Bourdon, rue Ste-Paix, 48.
Bourdon, rue du Vaugueux, 15.
Boit, r. du Vaugueux, 23.
Briard, Maladrerie.
Brisset, r. St-Sauveur, 26.
Bubot, r. St.-Jean, 212.
Bunouf, rue Notre-Dame, 75.
Busnel, r. St.-Jean, 10.
Cadillon, r. Ecuyère, 9.
Chevalier, r. Gémare, 18.
Chouine, rue St.-Jean, 154.
Christat, Maladrerie,
Cingal, montoir de la Poissonnerie, 28.
Cléreaux, rue St.-Etienne, 131.
Clérisse, rue d'Auge, 31.
Clouet, r. Notre-Dame, 59.
Cointin, place de l'Ancienne-Petite-Boucherie, 2.
Corde, rue Coupée, 18.
Couturier, rue St-Sau-

veur, 16.
Decaen, rue Guillaume-le-Conquérant, 25.
Denis, rue St.-Etienne, 141.
Denis, rue de Vaucelles, 67.
Derlomesnil, rue St.-Pierre, 42.
Deschamps, rue de Geôle, 21.
Désert, rue Vilaine, 11.
Deslandes, rue St.-Jean, 144.
Diée, rue d'Auge, 10.
Doupesse, rue St.-Jean, 253.
Dodin, montoir de la Poissonnerie, 26.
Dubois, rue St.-Nicolas, 69.
Dubosq, rue Gémare, 2.
Duchemin, rue Caponnière, 3.
Ducoudray, r. de Bayeux 84.
Dupré, rue Notre-Dame, 105.
Decroy, r. aux Lisses, 5.
Duval, rue de Vaucelles, 88.
Enard, rue St.-Jean, 174.
Eury, rue du Pavillon, 15.
Eudine, r. St.-Jean, 249.
Flaguais, r. Ecuyère, 33.
Foison, Maladrerie.
Fontaine, rue St.-Jean, 134.
Foucher, rue St.-Jean, 204.
Friley, place St-Sauveur, 5.

Gallebois, rue St.-Jean, 229.
Gobillet, Venelle-aux-Chevaux, 10.
Gouy, r St.-Etienne, 151.
Gosse, r. Caponnière, 13.
Grenthe, montoir de la Poissonnerie, 7.
Grinceaux, r. Froide, 21.
Grimoult, rue de Vaucelles, 83.
Grosos, rue des Capucins, 86.
Guillart, r. St-Jean 110.
Hamel, rue des Teinturiers, 6.
Harel, rue Notre-Dame, 84.
Haribel, r. St-Laurent, 8.
Hélain, r. St-Jean, 201.
Héran, r. d'Auge, 109.
Hergant, rue St-Jean, 43.
Heudier, r. Vilaine, 14.
Heuzey, rue Pémagnie, 17.
Houssaye, rue de Bayeux, 26.
Hubie, rue Vilaine, 14.
Huby, Marché-au-Bois, 2.
Isabelle, rue Notre-Dame, 104.
James, rue Ecuyère, 2.
Jardin, r. St-Martin, 58.
Julien, rue des Teinturiers, 2.
Julien, rue St.-Malo, 9.
Lachesnaye, Maladrerie.
Lahousse, rue de Bayeux.
Laisné, rue des Capucins, 23.
Lajoye, rue Ecuyère, 24.

(198)

Lamer, r. de Falaise, 30.
Langrais, montoir de la Poissonnerie, 10.
Lantier, rue de Vaucelles, 78.
Laplanche, rue des Capucins, 4.
Lapery, rue Notre-Dame, 108.
Latache, Maladrerie.
Lebaron, rue Gémare, 16.
Leboiteux, rue Neuve-St-Jean, 33.
Lecamus, rue de l'Oratoire, 2.
Leclerc, r. St.-Malo, 13.
Leclerc, rue de la Préfecture, 3.
Lecoin, Puits-ès-Bottes, 12.
Lecomte, cour de l'Ancienne-Halle, 6.
Lecoudray, montoir de la Poissonnerie, 31.
Ledart, rue St.-Jean, 54.
Lefebvre, rue des Capucins, 35.
Lefranc, r. du Vaugueux, 34.
Lefrançois, place St-Sauveur, 12.
Legallois, rue aux Lisses.
Legent, rue des Carmes, 43.
Legouix, r. de Geôle, 60.
Lelarge, rue Caponnière, 23.
Lelièvre, Maladrerie.
Lelong, rue de Vaucelles, 46.
Lemarchand, Marché-au-Bois, 8.
Lenormand, rue St-Martin, 46.
Lepelletier, rue St-Jean, 158.
Lepley, r. Ecuyère, 12.
Leprince, rue des Carmes, 8.
Lépicier, rue des Capucins, 37.
Leroy, Porte-au-Berger, 1.
Lesnant, grande place St.-Gilles, 11.
Litner, rue St.-Jean, 64.
Longrais, rue des Capucins, 2.
Louis, r. St.-Pierre, 16.
Luard, rue des Teinturiers, 26.
Lunel, r. St.-Martin, 56.
Maillard, rue Neuve-St.-Jean, 11.
Mallet, r. de Bayeux, 2.
Mancel, r. St-Sauveur, 7.
Marc, r. aux Lisses, 50.
Marescot, rue de Vaucelles, 38.
Massieu, r. St-Martin, 23.
Mazier, rue des Capucins, 30.
Menard, rue St-Jean, 47.
Michel, r. St-Nicolas, 96.
Moisson, r. St-Laurent, 7.
Moisson, rue du Vaugueux, 25.
Morel, rue Bosnière.
Moutier, place de la Mare, 1
Noël, rue des Capucins, 20.

Nourry, rue Caponnière, 32.
Ozanne, Porte-au-Berger 15.
Panlone, rue des Capucins, 106.
Peullier, rue du Vaugueux, 24.
Piel, r. Notre-Dame, 97.
Piel, rue de la Préfecture, 8.
Pierre, Marché-au-Bois, 2.
Picard, r. de Bayeux, 3.
Picard, rue Ecuyère, 49.
Planquette, rue des Teinturiers, 10.
Poret, rue aux Lisses, 38.
Poulain, rue St-Sauveur, 18.
Provost, rue Caponnière, 26.
Quéron, rue de Falaise, 6.
Quesnel, rue des Capucins, 56.
Renault, cour de l'Ancienne-Halle, 13.
Richard, r. St-Jean, 172.
Rosé, rue des Capucins, 68.
Rossignol, rue des Jacobins, 6.
Rousset, rue Caponnière, 20.
Roussel, r. St.-Jean, 50.
Salles, rue du Vaugueux, 52.
Samson, rue de Bayeux, 85.
Samson, rue Notre-Dame, 110.
Seigneurie, rue de Vaucelles, 60.
Sénécal, Maladrerie.
Simon, r. Ecuyère, 46.
Simon, rue d'Auge, 47.
Thibaut, rue des Capucins, 57.
Thorigny, Marché-au-Bois, 6.
Thouroude, rue de Vaucelles, 67.
Troncon, rue de Vaucelles, 118.
Touchet, rue Neuve-St.-Jean, 32.
Vaudour, rue de Vaucelles, 66.
Varin, rue de Pémagnie, 13.
Varin, rue des Teinturiers, 23.
Vaubaillon, rue du Gaillon, 3.
Vautier, Porte-au-Berger, 6.
Vautier, Porte-au-Berger, 8.
Vimont, rue Froide, 8.
Vivien, Venelle-aux-Chevaux, 8.
Vouge, r. de Falaise, 11.
Yon-Desjardins, r. Haute, 6.

CORDIERS.

Belliard (corderie sur le cours Cafarelli), rue des Carmes, 68.
Binet (corderie du Poigneux), r. de Vaucelles, 28.
Lamare, r. du Vaugueux.
Lecerf, Maladrerie.

CORDONNIERS.

André, rue de Vaucelles, 84.
Barbet, r. Notre Dame.
Barbier, rue Notre-Dame, 84.
Baril, rue Bosnière, 14.
Berthaume, rue d'Auge, 119.
Berthelot, rue St-Jean, 44.
Bidard, rue St-Jean, 96.
Bon, rue St-Sauveur, 4.
Bonnois, Venelle-aux-Chevaux, 1.
Borel, rue St-Jean, 57.
Bourget, rue de Bayeux, 79.
Briand, rue des Teinturiers, 5.
Briand, rue des Sables.
Brin, r de Vaucelles, 41.
Bucaille, r. St-Jean, 132.
Desmarets, Venelle-aux-Chevaux, 2.
Dépiney, rue Neuve-St-Jean, 3.
Dubosq, rue Notre-Dame, 107.
Dubreuil, rue St-Jean, 86.
Duchemin, r. au Canu, 6
Enguehard, rue St-Etienne, 120.
Essiard, cour de la Monnaie, 8.
Fanet, rue St-Jean, 179.
Farolet, rue St-Etienne, 129.
Gardembas, rue St-Sauveur, 22.
Grouet, rue des Teinturiers, 23.
Grenier, rue de Bernières, 2.
Guibert, pont St-Pierre.
Guilbert, r. Branville, 10.4.
Guillouet, Maladrerie.
Guilmin, rue d'Auge, 7.
Hébert, rue du Moulin, 20.
Hélouis, pont St-Pierre, 6
Jeanne, rue St-Jean, 122.
Lamoureux, montoir de la Poissonnerie, 14.
Lavigne, Maladrerie.
Lebourgeois, rue St-Malo, 14.
Lecointe, r. Hamon, 5.
Lecomte, r. Coupée, 19.
Lefèvre, r. St-Nicolas, 87.
Lemarchand, Venelle-aux-Chevaux, 3.
Lemonnier, rue des Teinturiers, 11.
Lepelletier, r. Coupée, 5.
Lepetit, rue des Capucins, 26.
Leprince, rue des Carmes, 4.
Leroy, rue Notre-Dame, 102.
Letellier, r. St-Jean, 121.
Lélot, r. de Falaise, 25.
Liégard, r. St Jean, 221.
Mahieu, rue Basse, 15.
Marchand, rue des Jacobins, 4.
Massienne, rue Branville, 26.
Massienne, id. 41.

Menard, r St-Jean, 235.
Montreuil, rue des Capucins, 56.
Mullet, rue St-Jean, 88.
Pauger, rue Vilaine, 20.
Pêche, rue de Vaucelles, 28.
Pinchard, r. de Geôle, 7.
Postel, place de la Marre, 7.
Préval, rue St-Pierre, 21.
Prével, rue Hamon, 10.
Poëtron, rue Pémagnie, 10.
Rhioux, rue Ecuyère, 16.
Richet, r. St-Laurent, 8.
Rubert, rue de Vaucelles, 60.
Scarpembourg, rue de l'Oratoire, 4.
Vasnier, rue d'Auge, 26.
Vautier, r. aux Lisses, 5.
Verdant, rue Guillaume-le-Conquérant, 4.

CORROYEURS ET MÉGISSIERS.

Bonpain, place St-Sauveur, 3.
Bonpain, rue Pémagnie, 21.
Brion, rue St-Pierre, 31.
Cautru, rue St-Jean, 240.
Corbel, rue des Capucins, 21.
Cornet, rue Ecuyère, 28.
Delahaye, r. Ecuyère, 20.
Deshayes, rue des Teinturiers, 2.
Fleury, Porte-au-Berger, 6.

Geffroy, Venelle-aux-Chevaux, 20.
Gilles, rue Ecuyère, 40.
Goussiaume, rue d'Enfer, 2.
Jourdain, rue d'Enfer, 1.
Ledresseur, r. d'Enfer, 3.
Lefèvre, rue Caponnière, 24.
Lemarchand, rue du Moulin, 10.
Lenormand, rue de Vaucelles, 34.
Manoury, rue des Capucins, 49.
Manoury, rue du Moulin de St-Ouen, 9.
Marc, rue Ecuyère, 16.
Rivière, rue des Capucins, 43.
Torcapel, rue des Capucins, 41.
Toubon, Venelle-aux-Chevaux, 10.
Verdelet-Lamare, rue de Geôle, 16

COURTIERS DE MARCHANDISES ET AGENTS DE COMMERCE.

Dufresne, rue St-Jean, 207.
Samson, rue des Quais, 50.

COURTIERS DE NAVIRES ET D'ASSURANCES.

Bazin, Pelletier et Pihan, rue Neuve-du-Port.

COUTELIERS.

Baudry, rue Basse, 47.
Damemme, rue St-Jean, 27.
Dutrône, Petits-Murs, 5.
Ledanois, r. de Geôle, 19.
Ledard, r. Pémagnie, 8.
Lemanissier, rue St-Jean, 117.
Lesaulnier, Venelle-aux-Chevaux, 9.
Prouteau, rue de l'Oratoire, 11.
Renard, rue Guillaume-le-Conquérant.
Rheinvilliers, rue Formage, 7.
Rousselle, r. Formage, 4.
Violard, r. de Vaucelles.

COUTURIÈRES.

Mmes André, rue Notre-Dame, 121.
Cailloué, r. St-Jean, 127.
Errard, Petits-Murs, 10.
Grimaux, Petits-Murs, 16.
Lacour, r. St-Jean, 227.
Lami, rue St-Jean.
Lamy, r. de l'Oratoire, 5.
Lucas, place St-Sauveur, 21.
Ruault, Petits-Murs, 16.
Troisbourgeoiserie, rue Notre-Dame, 119.
Tallot, rue des Carmes.
Villeneuve, rue des Carmes.

COUVREURS ET MARCHANDS D'ARDOISES ET DE TUILES.

Adam, place Mathilde.
Bardel, rue Vilaine, 1.
Bertot, rue Formage, 4.
Blanchard, rue de la Préfecture, 18.
Carel, r. des Capucins, 94.
Catherine, rue Basse, 5.
Catherine, rue des Quais, 48.
Frappart, rue des Croisiers, 6.
Gresley, rue des Carrières-St-Gilles, 13.
Julienne, r. Calibourg, 2.
Lemoine, rue Pémagnie, 19.
Vérel, rue St-Jean, 135.

DENTISTES.

Dufour, r. St-Jean, 197.
Leblond, id., 40.
Talbot-Descourtils, rue Singer.

DOREURS SUR BOIS ET ENCADREURS.

Chevalier, r. Hamon, 11.
Messire, rue des Quais.
Monin, Petits-Murs.

DROGUISTES.

Clément, impasse de la Fontaine.
Dascher frères, r. Froide.
Hamel, rue St-Jean, 16.

ÉBÉNISTES.

Beaunier, rue St-Pierre.
Isabelle, rue Saint-Jean, 137.
Lecomte, r. St-Sauveur, 29.
Lecomte-Coueffin, rue de l'Oratoire.
Morin, place de la Nouvelle Poissonnerie, 15.

ÉCOLES DE NATATION.

Boissée, sur la Noë.
Boutrais, sur l'Orne.

EMPAILLEUR NATURALISTE.

Abadie, r. St.-Etienne, 145.

ENTREPRENEURS DE BATIMENTS.

Blin, r. de Bayeux, 4.
Bouet, ven. Gaillarde, 1.
Chemin, rue de la Délivrande, 28.
Lerévérend, r. St.-Martin, 8.
Létourmy, r. St.-Pierre, 71.
Maillard, impasse de l'Hôtel-Dieu.
Marie, r. des Croisiers, 5.
Martin, r. St.-Martin, 151.
Vauquelin, place de la Marre, 15.
Vauquelin, r. St.-Martin, 14.

ENTREPRENEUR DE VIDANGES.

Miquelard, à Vaucelles.

ÉPICIERS.

Adelus, rue St.-Etienne, 143.
Ameline, r. Notre-Dame, 90.
Apvrille, r. St.-Sauveur, 49.
Armstrong, rue St.-Jean, 131.
Aubry, r. de Vaucelles, 112.
Batard, r. St.-Jean, 154.
Baudry, r. de Vaucelles, 26.
Becquemy, Venelle-aux-Chevaux, 12.
Benoist, pont St.-Pierre, 12.
Bouvier, montoir de la Poissonnerie, 27.
Briand, r. St.-Jean, 220.
Buret, r. de Vaucelles, 76.
Champin, r. Froide, 51.
Champin, rue St.-Sauveur, 11.
Chauvry, rue Froide, 4.
Chrétien, rue Jean-Romain.
Chuquet, r. St.-Jean, 211.
Costy, rue Gémare, 1.
Couppey, venelle Buquet, 7.
Dallemagne frères, r. St.-Malo, 14.
Dascher frères, r. Froide, 12.
Delabrèche, r. de Geôle, 4.
Delacour, r. St.-Sauveur, 33.
Delan, rue St.-Pierre, 2.

Delapalle, rue de l'Oratoire.
Demieux, rue du Vaugueux, 4.
Desloges, r. St.-Sauveur, 31.
Devaux, r. aux Lisses, 37.
Dubreuil, rue de Vaucelles, 79.
Durand, r. St.-Jean, 236.
Féron, rue Notre-Dame, 111.
Folie, rue St-Jean, 89.
Fouchaux, rue Caponnière.
Germain, r. de Geôle, 17.
Godard, r. St.-Sauveur, 3.
Godard, rue St.-Sauveur, 41.
Gosselin, r. Notre-Dame, 62.
Gosselin, r. St.-Pierre, 7.
Goupil, place de la Comédie, 7.
Gournay, r. St.-Etienne, 151.
Gravier, r. Ecuyère, 14.
Guérin, rue Froide, 10.
Guilbert, r. du Moulin, 1.
Guillemin, rue Guillaume-le-Conquérant, 18.
Hardouin, r. St.-Martin, 39.
Hubie, r. St.-Pierre, 35.
Huby, Marché-au-Bois, 1.
Laffetay, r. Formage, 15.
Lefoye, rue Hamon, 18.
Langlois, r. des Quais, 4.
Langlois, r St.-Jean, 92.
Langlois, rue Guillaume-le-Conquérant, 33.
Lapersonne, montoir de la Poissonnerie, 24.
Lavoine, r. Caponnière, 7.
Lecarpentier, rue des Quais, 84.
Lecomte, place de l'Ancienne-Petite-Boucherie, 41.
Lecomte, rue Notre-Dame, 73.
Lecorneur, rue St.-Etienne, 153.
Lefèvre, r. St.-Jean, 159.
Lejeune, rue de Vaucelles, 13.
Lepaulmier, Venelle-aux-Chevaux, 25.
Lemanissier, rue de Bayeux, 40.
Lepelletier, r. de Falaise, 1.
Lesueur, r. des Sables, 8.
Levillain, r. St.-Jean, 44.
Liégard, r. St.-Pierre, 27.
Mallet, r. St.-Pierre, 18.
Marie, rue St.-Sauveur, 44.
Martin, rue de l'Oratoire, 22.
Massieu, rue St.-Pierre, 30.
Massieu, rue St.-Sauveur, 47.
Millet, r. de Lisieux, 12.
Morin, r. Notre-Dame, 18.
Moisson, rue Ecuyère, 1.
Moisson, rue Notre-Dame, 16.
Nourry, rue Notre-Dame, 53.
Paulmier, rue de l'Ancienne-Petite-Boucherie, 38.

Pain-Paulmier, place St.-Sauveur, 13.
Pain-Vintras, rue Ecuyère, 17.
Pitois, rue St.-Jean, 18.
Porcher, rue Froide, 15.
Poret-Bouillée, place St.-Pierre, 6.
Porin, rue St.-Jean, 42.
Poutrel, r. Pémagnie, 6.
Prestavoine, rue Saint-Pierre, 26.
Renault, rue des Teinturiers, 21.
Roucamps, rue du Vaugueux, 11.
Scelles, place St.-Pierre, 3.
Scelles, rue St.-Etienne, 118.
Séjourné, rue Basse, 17.
Vasnier, Maladrerie.
Vimard, rue Neuve-St.-Jean, 64.

ÉPURATEURS D'HUILE.

Angot, rue de Vaucelles.
Danjou, r. Notre-Dame.
Eudes aîné, r. St.-Jean.
Lecavelier fils, r. Neuve-St.-Jean.
Rolland-Perette, rue des Capucins.

FABRICANTS DE BAS.

Bisson, place Saint-Pierre, 9.
Chéron-Chibourg, rue St.-Pierre, 1.
Dauphin-Valembourg, pont St.-Jacques, 2.

Duval, r. St.-Pierre, 33.
Fremont, rue Pavée, 120.
Gosselin, Porte-au-Berger, 1.
Gournay, rue du Vaugueux, 28.
Guilbert, r. Pavée, 132.
Huet, venelle du Mesnil-Thouret.
Jouanne, rue Notre-Dame, 62.
Lacour, r. du Gaillon, 18.
Lamer, r. de Falaise, 30.
Lautour, rue St.-Laurent, 27.
Lebailly, r. de Falaise, 3.
Lebailly, rue Notre-Dame, 77.
Ledru, même rue, 72.
Lemonnier, rue Branville, 35.
Leneveu, rue d'Auge, 15.
Lepelletier, r. de Bayeux, 78.
Lepetit, Porte-au-Berger, 5.
Lerévérend, rue Ecuyère, 2.
Letestu-Chibourg, place St.-Pierre, 13.
Letourneur, rue Guillaume-le-Conquérant, 19.
Morice, rue St.-Sauveur, 20.
Nourry, rue Pavée, 109.
Patry, rue Branville, 67.
Planquette, rue Notre-Dame, 55.
Postel, Venelle-aux-Chevaux, 7.
Renable, r. St.-Jean, 138.

Renouf, rue de Vaucelles, 53.
Ricard, place St.-Pierre, 25.
Ricard, rue Froide, 10.
Richer, même rue, 3.
Rozée et Mouillard, pont St.-Jacques.
Samson, rue Pavée.
Sbire, r. St.-Martin, 33.
Vautier, rue Ecuyère, 8.
Vautier-Lebidois, rue Ecuyère, 26.
Vautier V^{or}, r. St-Jean, 70.
Yon, place St.-Pierre, 4
Yon, rue St.-Jean, 1.

FABRICANTS DE CALICOT.

Quesnel, Maladrerie.
Petit, r. Samuel-Bochart.

FABRICANT DE CASQUETTES.

Barzuglia, Venelle-aux-Chevaux, 23.
Bonifazi, r. des Jacobins.

FABRICANT DE CHEMINÉES.

Lebaron-Bacon, rue St.-Jean, 182.

FABRICANTS DE CHOCOLAT.

Clément, impasse de la Fontaine.
Decourdemanche, rue Froide.
Roger-Duval, (dépôt de chocolat de Bayonne), rue St.-Pierre.

FABRICANTS DE COUVERTS.

Taffu, rue de l'Oratoire, 22.

FABRICANTS ET FACTEURS DE BLONDES ET DENTELLES.

Allard, rue Notre-Dame, 109.
Ameline, place Royale, 8.
Aubert, rue du Moulin-St.-Ouen, 5.
Angé, rue Guilbert, 4.
Barthélemy, rue Neuve-St.-Jean, 47.
Bellenger, r. St.-Jean, 38.
Bénouville, rue de Geôle, 24.
Beuron, rue Guilbert, 1.
Bidard, r. St.-Laurent, 5.
Bisson, rue Notre-Dame, 81.
Boullin, r. de l'Odon, 9.
Bourdon, r. St.-Jean, 93.
Boutrais, rue du Pont-St.-Jacques.
Chapelle, rue du Vaugueux, 64.
Chiarisia, cour de la Halle.
Courcy, r. Bosnière, 36.
Dauphin-Valembourg, rue du Pont-St.-Jacques.
Déloge, rue Notre-Dame, 47.
Dubois, r. St.-Laurent, 4.
Dubourg, r. St.-Jean, 63.

Dujardin, rue du Vaugueux, 8.
Dumez, r. St-Jean, 194.
Duval, Maladrerie.
Duval, rue des Capucins.
Drouet, cour de la Monnaie, 1.
Falue, Porte-au-Berger, 13.
Fontaine, r. St.-Jean, 62.
Fortin, r. St.-Martin, 10.
Fremont, r. des Quais, 20.
Gamard, rue des Jacobins, 24.
Gautier-Daléchamps, rue St.-Pierre, 21.
Germain, 65.
Gautier-Savignat, rue des Carmes, 10.
Guillard, r. de Bernières, 9.
Guillemin, rue de Branville, 28.
Hamon, rue de l'Oratoire, 5.
Hamon, rue Notre-Dame, 70.
Hamon, Petits-Murs, 10.
Haulard, rue de Vaucelles, 55.
Hébert, Puits-ès-Bottes, 11.
Hélaine, rue Notre-Dame, 121.
Isabelle, rue des Carmelites, 11.
Jacquemeton, rue de Falaise, 4.
Jouin, r. des Sables.
Julien, r. de Branville, 96.
Lahaye, place Royale, 6.

Lahaye, place Royale, 10.
Lair, r. Caponnière, 17.
Lair, rue de l'Engannerie, 4.
Langlois, r. Notre-Dame.
Lavigne, rue Notre-Dame, 67.
Lébaudy, rue des Jacobins, 1.
Leblond, r. des Quais, 76.
Lebrun, rue d'Auge, 61.
Lecointe, r. de Geôle, 36.
Lefévre, rue de Bernières, 11.
Lefévre, r. des Quais, 34.
Leguelinel, rue St.-Jean, 247.
Lejametel, r. Ecuyère, 24.
Lemarchand, rue de la Préfecture, 4.
Lemoine, rue du Gaillon, 22.
Lenoir, rue St.-Etienne, 141.
Letouzé, Venelle-aux-Chevaux.
Levicomte, rue des Carmes, 10.
Luard, r. du Gaillon, 11.
Marie, r. St-Jean, 241.
Massieu de Clerval, place Royale, 9.
Michel, r. du Vaugueux, 69.
Moisant, rue aux Namps, 11.
Morand, r. St-Jean, 101.
Morin, Puits-ès-Bottes, 2.
Pagny, montoir de la Poissonnerie, 18.
Paris, veuve Aze, rue du

Moulin, 11.
Paisant, r. de l'Oratoire, 3 bis.
Paisant-Descoutures, rue Vilaine, 25.
Perrotte, rue au Canu, 3.
Picard, rue Basse, 74.
Postel, rue Gémare, 5.
Postelle, rue des Quais.
Poulain, rue des Quatre-Vents, 3.
Quétron, rue de Vaucelles, 6.
Ricard, r. du Vaugueux, 5.
Richer, rue des Ursulines, 1.
Rivière, rue St-Julien, 2.
Robillard, rue du Gaillon, 8.
Rouland, rue de Vaucelles, 69.
Seigneurie, 108.
Soye-Suriray et Cie, r. de Bernières.
Talent, place St-Pierre, 8.
Tête, r. des Carmelites, 5.
Tête, r. St-Martin, 7 bis.
Thierry, impasse Gohier, 4.
Thomas Peet, rue St-Jean, 76.
Trufay, place Royale, 15.
Valette, rue de la Préfecture, 8.
Valette, rue St-Laurent, 14.
Varin, rue au Canu, 4.
Vardon, rue de l'Hôtel-de-Ville, 28.
Vautier, rue Notre-Dame, 60.
Vautier-Chonneaux, rue Jean-Romain.
Yver, rue St-Pierre, 39.

FABRICANT D'ÉTAUX ET ENCLUMES.

Verdant, rue d'Auge.

FABRICANT DE FLEURS ARTIFICIELLES.

Chapron, r. St-Jean, 37.

FABRICANTS DE FRANGES.

Delafontaine, rue Guillaume-le-Conquérant, 3.
Laurent et Ménager, rue Froide, 7.

FABRICANT DE FAUTEUILS.

Renauld, rue St-Jean.

FABRICANTS D'HUILE.

Danjou, r. Notre-Dame.
Defaucamberge, Maladrerie.
Lecavelier (P.), rue Guilbert, 16.
Moisson (Paul), rue des Quais.
Tillard, impasse de l'Hôtel-Dieu.

FABRICANT DE NOIR-ANIMAL.

Larue-Elie, à Mondeville

FABRICANTS DE PEIGNES.

Décé, rue de la Préfecture, 20.
Devaux, place de la Comédie, 7.
Ybert, rue St-Jean, 259.

FABRICANT DE PLOMB DE CHASSE.

Yver, rue Bicoquet.

FABRICANTS DE TULLE.

Desruisseaux, rue Froide, 46.
Keenan, rue des Jacobins.
Kirk, rue St-Jean, 100.
Léblond et Lange, à la Motte et r. de l'Engannerie.
Peet, rue des Carmes.

FAYENCIERS.

Auvray, montoir de la Poissonnerie, 16.
Bellot, rue Froide, 41.
Bléron, rue Guillaume-le-Conquérant, 12.
Bosquet, rue de Bayeux, 30.
Boutrais, rue Notre-Dame, 101.
Calbrie, rue St-Jean, 24.
Deseulle, rue St-Pierre, 36.
Foulon, r. Calibourg, 3.
Gauvergne, r. Pavée, 71.
Lebreton frères, rue de Vaucelles, 56.

Lefrançois-Bordon, Venelle-aux-Chevaux, 22.
Lemeray, r. St-Sauveur, 43.
Lerond, rue St-Jean, 93.
Marie, rue Notre-Dame, 75.
Milvin, rue St-Sauveur, 61.
Nicolle, rue de Geôle, 8.
Rossignol, rue St-Jean, 39.
Sevestre, r. St-Malo, 10.

FERBLANTIERS.

Bilheust, rue Neuve-St-Jean, 37.
Croissant, pont St-Pierre, 4.
Croissant, rue Guillaume-le Conquérant, 24.
Daniel, rue Froide, 10.
Dascher, rue de Bernières, 6.
Errard, Petits-Murs, 10.
Huet, r. Notre-Dame, 14.
Leclerc, Marché-au-Bois, 15.
Lchéricey, r. St-Jean, 190.
Lepetit, rue St-Jean, 134.
Michel, r de l'Oratoire.
Osmont, r. St-Jean, 210.
Pascal, rue Guillaume-le-Conquérant, 29.
Rivet, r St-Etienne, 114.
Rolland, rue Guillaume-le-Conquérant, 4.

FERMIER DE CARRIÈRES.

Coquille-Deschamps,

rue St-Jean, 111.

FILATEURS DE COTON.

Dauge et Jeuch, Montaigu, 2.
Gervais, id.

FONDEURS.

De Pracontal, prairie St-Gilles.
Lebailly, rue Ste Paix, 66.
Lecouvreur, rue S. Jean, 37.
Lepontois, rue Frementelle, 2.

FORGERONS.

Aubray, place de la Petite-Boucherie, 122.
Cauchard, rue des Quais, 64.
Jardin, rue de la Prairie-St-Gilles.
Mandinne, rue des Quais, 88.
Pitel, rue d'Auge, 13.
Vérel, rue de la Marine.

FORMIER.

Letourneur, rue du Puits-ès-Bottes, 21.

FRIPIERS ET REVENDEURS.

Besnard, rue St-Sauveur, 32.
Besnier, rue Ste-Paix, 75.
Berceau, rue Saint-Laurent, 14.

Binet, rue aux Namps, 2.
Cabourg, rue aux Namps, 6.
Cartirade, Champ-de-Foire, 14.
Chauvry, Champ-de-Foire, 17.
Chibourg, rue St-Jean, 185.
Chantrel, rue des Croisiers, 22.
Chrétien, rue St-Malo, 8.
Colas, Champ-de-Foire, 13.
Daumale, rue des Croisiers, 17.
David, rue de Lisieux, 17.
Debisson, Champ-de-Foire, 1.
Dechauffour, rue des Croisiers, 8.
Demi, rue Basse, 13.
Diosne, rue de Lisieux, 16.
Duvalleroy, Champ-de-Foire, 6.
Eudine, rue des Croisiers, 9.
Foucher, rue aux Namps, 24.
Frilay, rue St-Sauveur, 5.
Gilles, r. des Croisiers, 4.
Godey, Champ-de-Foire, 12.
Guérard, r. St-Laurent, 9.
Gueroult, r. Froide, 28.
Guervan, rue Notre-Dame, 46.
Hamelin, rue de Lisieux, 21.
Hardy, rue de l'Oratoire, 11.

Hettier, Champ-de-Foire, 24.
Jaoul, Venelle-aux-Chevaux, 3.
Lair, rue St-Jean, 251.
Lainé, r. de Lisieux, 37.
Laisné, Champ-de-Foire, 22.
Lalue, Champ-de-Foire, 1.
Lapierre, rue des Croisiers, 1.
Lebaudois, rue Caponnière, 18.
Lebœuf, rue Froide, 13.
Leboudois, Porte-au-Berger, 9.
Leboussonnier, rue de Vaucelles, 88.
Lecomte, rue de Lisieux, 19.
Lecourvoisier, Champ-de-Foire, 12.
Lefauconnier, rue des Croisiers, 15.
Legrix, Champ-de-Foire, 9.
Leguay, Champ-de-Foire, 1.
Lemarchand, montoir de la Poissonnerie, 34.
Lecointe, venelle Mesnil-Thouret.
Lemarchand, rue des Carmelites, 6.
Lemore, r. St-Pierre, 30.
Leneveu, rue des Croisiers, 19.
Lepaisant, rue St-Etienne, 146.
Lépaule, rue des Jacobins, 11.
Leroux, Champ-de-Foire, 15.
Letellier, rue des Carmes, 36.
Letellier, r. St-Jean, 175.
Maizeret, place de la Poissonnerie, 1.
Marie, Champ-de-Foire, 9.
Marot, rue Basse, 39.
Martin, rue des Croisiers, 17.
Montaigu, venelle Buquet, 6.
Mullois, rue St-Etienne, 110.
Paisant, rue Guillaume-le-Conquérant, 17.
Pierry, Porte-au-Berger, 11.
Pinel, rue des Sables.
Piguet, rue Ecuyère, 14.
Riboult, r. de Bayeux, 6.
Richet, r. St-Laurent, 8.
Salles, Porte-au-Berger, 3.
Sicot, r. de Falaise, 40.
Tassin, rue des Croisiers, 12.
Vassal, Champ-de-Foire.
Vassel, rue des Teinturiers, 7.
Vincent, rue Vilaine, 8.

GANTIERS.

Bouvet, r. St-Pierre, 9.
Fontaine, r. St-Jean, 31.
Lefèvre, Pont-St-Pierre, 4.
Lefèvre, Pont-St-Pierre, 11.

Martin-Fontaine, rue St-Jean, 35.

GÉOMÈTRE.

Enouf, rue Puits-ès-Bottes, 26.

GRAINETIERS.

Croisy, r. Ecuyère, 33.
James, r. St-Sauveur, 45.
Lasseray, rue des Teinturiers, 14.
Lebiais, r. St-Sauveur, 19.
Lechevalier, 43.
Lecoq, rue de l'Ancienne-Halle, 3.
Lecaudais, rue Guillaume-le-Conquérant, 2.
Lucas, rue de l'Ancienne-Halle, 7.
Musson, 1.

GRAVEURS.

Veuve Boutilly, Pont-St-Pierre, 5.
Lemarchand, Venelle-aux Chevaux, 5.

HORLOGERS.

Adeline-Dubosq, rue Guillaume-le-Conquérant, 20.
Binet, place Royale, succ. de Jacquot.
Briand, r. de Bayeux, 23.
Collet, rue St-Jean, 72.
Dejan, r. St-Etienne, 125.
Denis, rue St-Jean, 167.
Esnault, rue Notre-Dame, 40.
Foucher, r. Ecuyère, 6.
Guillet, place St-Sauveur.
Hardouin, place du Collége-Royal.
Harivel, à la Maladrerie.
Jamet, place St-Pierre, 6.
Lebreton, place St-Pierre, 7.
Lechangeur, r. St-Jean, 45.
Lechartier, rue de Vaucelles, 70.
Leflaguais, Pont-St-Jacques, 7.
Sbire, place St-Pierre, 12.
Vauquelin, rue Notre-Dame, 115.
Viel, r. St-Sauveur, 16.

HÔTELS GARNIS.

Delaunay, (hôtel Belle-Ville), place de la Comédie.
Faucon (hôtel de la Victoire), Marché-au-Bois, 23.
Fichet (hôtel d'Angleterre), rue St-Jean, 83.
Houël (hôtel du Commerce), Champ-de-Foire, 10.
Lagouelle (hôtel de la place Royale), place Royale, 1.
Lechartier (hôtel d'Espagne), rue St-Jean, 73.
Lefèvre (hôtel Ste-Barbe), rue Ecuyère, 13.
Létot (hôtel du Lion-Vert), impasse Gohier.
Poret (hôtel St-Pierre), rue Notre-Dame, 42.

IMPRIMEURS.

Bonneserre, r. Froide, 1.
Dédouit, rue Ecuyère.
Hardel, rue Froide, 2.
Lecrêne, r. Froide, 9.
Leroy, rue Notre-Dame, 70.
Pagny, rue Froide, 25.
Poisson, rue Froide, 18.

INSTITUTEURS PRIMAIRES.

Giraux, r. Jean-Romain.
Saint-Germain, rue de la Fontaine.
Tassilly, r. St-Jean, 129.

JARDINIERS - FLEURISTES.

Carpentier fils, rue Basse, 53.
Carpentier père, id.
Jouanne, rue de Branville.
Leconte, rue Basse, 48.
Lelandais, rue Guillaume-le-Conquérant.
Mannoury, r. Basse, 48.
Richard, rue Ecuyère.

LAMPISTES.

Daniel, rue Froide.
Danjou, r. Notre-Dame.
Errard, Petits-Murs.
Lepetit, r. St-Jean, 114.

LAYETIER EMBALLEUR.

Legrand, rue St-Pierre, 39.

LIBRAIRES.

Avonde, *abonnement de lecture et librairie moderne*, rue St-Jean, 99.
Clérisse, *éditeur d'une nouvelle histoire de Caen*, rue du Moulin, 2.
Huet-Cabourg, pont St-Jacques, 2.
Mancel, *librairie ancienne et moderne*, rue St-Jean, 66.
Manoury, *librairie ancienne*, rue Froide, 6.
Marie-Viel, *papeterie et pittoresques*, rue St-Sauveur, 33.
Trébutien, rue des Carmelites, 6.

LOUEURS DE VOITURES ET CHEVAUX.

Binet, rue de Geôle, 31.
Boullant, rue St-Nicolas, 160.
Lecanu, rue des Teinturiers, 17.
Guillemette, rue St-Jean, 100.
Jardin, rue Prairie-Saint-Gilles
Lavieille, rue des Teinturiers, 8.
Lelièvre, rue de l'Oratoire, 4.
Mandine, rue des Quais, 84.
Marie, rue St-Jean, 71.
Marie, rue des Teinturiers, 42.

Rochebrune, rue des Teinturiers, 13.

Vincent, Venelle-aux-Chevaux, 2.

LUTHIERS.

Bellanger, rue de l'Oratoire, 19.

Thibout, rue St-Jean, 91.

MARBRIERS.

Faye, rue St-Laurent, 9.

Gruot, rue Coupée, 9.

Lacour-Drieu, rue de la Comédie.

MARCHANDS DE BEURRE.

Auvray, rue des Teinturiers, 24.

Bisson, r. St.-Jean, 151.

Gosselin, cour de la Monnaie, 6.

Hamelet, r. St-Jean, 62.

Haribel, r. Notre-Dame, 79.

Lair, r. St-Jean, 53.

Laurent, r. St.-Jean, 40.

Moisson, r. du Vaugueux.

Mollet, r. St-Jean, 86.

Vitard, rue de la Préfecture, 19.

MARCHANDS DE BLANC.

Alloin, place de la Poissonnerie, 1.

Ameline, r. St-Jean, 190.

Babulée, r. Ecuyère, 15.

Bénard, r. du Moulin, 2.

Bénard, rue St-Jean, 64.

Besnard, r. des Carmelites, 2.

Bessin, r. de Bernières, 2.

Boulay-Chapront, rue St-Jean, 29.

Brard, r. Notre-Dame, 71.

Huet, r. de l'Oratoire, 11.

Klein, rue de l'Oratoire, 13.

Lebouteiller, rue Hamon, 2.

Leharanger, rue de l'Oratoire, 6.

Leroux-Giguet, rue St-Jean, 107.

Lévêque, r. du Moulin, 4.

Longpré, rue St.-Jean, 132.

Mignet, rue Notre-Dame, 78.

Morin, rue St-Jean, 75.

Pigeon, Petits-Murs, 16.

Poret, Petits-Murs, 4.

Pottier, rue Guillaume-le-Conquérant, 26.

Saillenfest, r. St-Jean, 58.

Talot, r. des Carmes, 5.

Viel, place Royale, 10.

MARCHAND DE BŒUFS.

Leblanc, rue de Falaise.

MARCHANDS DE BOIS A BRULER.

Bouchard, rue de Vaucelles, 148.

Lecointe, place des Casernes.

Roger (bois au poids) rue Singer.

Sabine, rue du Pavillon, 18.

MARCHANDS DE BOIS DU NORD.

Bazin, rue des Quais, 66.
Brunon, rue Neuve-St-Jean, 47.
Daigremont, rue St-Malo, 17.
Guillot, Maladrerie.
Lecomte, r. Basse, 93.
Lecomte, rue des Carmes, 7.
Lefèvre et Fleury, rue des Carmes, 56.
Touroude, r. de Paris, 28.
Vauquelin, rue de Vaucelles, 3.

MARCHAND DE BOIS DE TEINTURE.

Legris-Duval, rue de la Fontaine, 6.

MARCHANDS DE CHEVAUX.

Aubert, rue des Fiefs, 53.
Aubry, rue de Vaucelles, 54.
Bénard, r d'Auge, 12.
Boullant, rue St-Nicolas, 100.
Dajon, rue de l'Académie, 10.
Marion, place St-Gilles.

MARCHAND DE CORDE.

Leblanc, rue Notre-Dame, 72.

MARCHANDS DE DRAP ET DE NOUVEAUTÉS.

Ameline et Guitard, rue St-Jean, 59.
Angot, rue St-Jean, 30.
Crespin, pont St-Pierre, 18.
Delahaye, Venelle-aux-Chevaux, 23.
Delarue et Jumel, pont St-Jacques, 5.
Ducastel, Venelle-aux-Chevaux, 8.
Gresley, r.-du Moulin, 8.
Hélaine, r. St-Jean, 20.
Heuste-Duval, rue Ecuyère.
Jardin, place Royale, 19.
Lamare et Tabourier, r. Notre-Dame, 63.
Lemanissier, rue Notre-Dame, 85.
Loyer, rue Froide, 5.
Magron, r. de Bernières.
Marchet, r. Froide, 27.
Marchet, rue Notre-Dame, 40.
Michel, rue St-Jean, 90.
Paisant, pont St-Jacques, 5.
Pasturel, pont St-Pierre, 16.
Perrotte, pont St-Jacques, 3.
Roger, rue St-Pierre, 19.
Roger-Duval, rue St-Pierre, 24.
Richer-Paisant, rue St-Pierre, 48.

MARCHANDS D'ESTAMPES.

Christy, Petits-Murs, 4.
Monin, Petits-Murs, 8.
Picard-Guérin, rue des Teinturiers

MARCHANDS DE FERS ET DE CHARBON DE TERRE.

Beguel, r. de Geôle, 10.
Delarue, rue Guillaume-le-Conquérant, 4.
Durand, rue du Tour-de-Terre.
Garnier, rue St-Sauveur, 29.
Gondouin, rue Guillaume-le-Conquérant, 31.
Isabelle, Maladrerie.
Prempain, place de l'Ancienne-Petite-Boucherie, 124.
Renouf frères, rue St-Etienne, 110.
Ruault, rue de Vaucelles, 73.
Vautier, r. St-Jean, 238.

MARCHANDS DE FIL A DENTELLES.

Chrétien fils et Duval, rue des Quais, 3.

MARCHANDS DE LAINE.

Binet, rue des Teinturiers, 4.
Lafontaine, r. Gémare, 2.
Lépée, rue des Teinturiers, 18.
Philippe, rue des Teinturiers, 20.
Planquette, rue des Teinturiers, 7.

MARCHANDS DE LIN.

Bisson, rue St-Jean, 160.
Graindorge, rue St-Martin, 38.
Lechevalier, rue St-Sauveur, 32.
Legrip, rue des Capucins, 90.
Leguay, r. Pémagnie, 3.
Lenglinay, rue Ecuyère, 22.
Lesaché, r. St-Sauveur, 19.
Marie, r. St-Sauveur, 12.
Tostain, rue St-Sauveur, 17.

MARCHANDES DE MODES.

Mmes Blanchard, rue Froide, 41.
Cahours, r. St-Jean, 38.
Clément, r. St-Jean, 109.
Danneville, Venelle-aux-Chevaux, 29.
Denis, pont St-Jacques, 7.
Denis, rue de Bernières, 11.
Drouet, rue St-Jean, 87.
Jouanne, rue de l'Oratoire, 4.
Lévesque, rue Notre-Dame, 77.

MARCHANDS DE PAPIERS PEINTS.

Bulot, r. Caponnière, 11.
Bulot, r. St-Pierre, 47.
Leflaguais, rue des Jacobins, 10.
Lemonnier, rue Guillaume-le-Conquérant, 14.
Mutel, rue des Jacobins, 8.

MARCHANDS DE PARAPLUIES.

Delaunay, rue Notre-Dame, 105.
V° Delmas, rue de Bernières, 5.
Delmas, rue Guillaume-le-Conquérant, 22.
Grenier, r. Ecuyère, 4.
Guérard-Desloriers, rue de Bayeux, 1.
Guibert, r. St-Jean, 157.
Maignac, pont St-Pierre, 9.
Rumel, r. Froide, 43.
Pagis, r. Notre-Dame, 49.
Thibout, pont St-Pierre, 1.
Vigier, r. St-Jean, 60.

MARCHANDS DE POUDRETTE ET D'ENGRAIS.

Miquelard, à Vaucelles.
Moisson frères, rue Guilbert.
Taffin, à Vaucelles.

MARCHANDS DE ROUENNERIES.

Bacot, place Royale, 21.
David et Ferouelle, pont St-Jacques.
Hamard frères, rue Notre-Dame.
Hédiard, r. du Moulin.
Lavolley, r. St-Pierre.
Lecavelier Paisant, rue du Puits.
Manchon frères, place Royale.

MARCHANDS DE SABOTS.

Berthelot, r. Pavée, 79.
Bohard, rue d'Enfer, 1.
Delaunay, rue Notre-Dame, 96.
Groult, rue St-Jean, 92.
Leguay, r. Pémagnie, 2.
Leguay, rue St-Sauveur, 28.
Prével, r. St-Nicolas, 86.
Richard, rue Basse, 55.
Tostain, rue des Capucins, 6.
Tostain, rue des Capucins, 28.

MARCHANDS DE SEL.

Angot, rue de Vaucelles, 13.
Aumont, place de l'Ancienne-Petite-Boucherie, 39.
Duparc, r. des Quais, 24

7

Fugère jeune, rue de Vaucelles, 68.
Lamy, rue des Carmes.
Lécluse, rue Neuve-St-Jean, 45.
Mottelay, rue de Vaucelles.
Ruault, rue de Vaucelles, 73.

MARCHANDS DE SOIE.

Chrétien fils et Duval, rue des Quais.
Colas, r. Notre-Dame, 59.

MARCHANDS DE TOILE.

Criquet, Venelle-aux-Chevaux.
Ferru-Barrette, rue des Croisiers, 16.
Leboiteux, r. St-Jean, 33.
Legendre, rue de Geôle, 58.
Lepetit, rue St-Etienne, 135.
Petit, rue Samuel-Bochard.
Roussel, Petits-Murs, 10.

MARCHANDS DE VIN.

Angot-Desruisseaux, rue du Gaillon, 30.
Armstrong, rue St-Jean.
Auvray-Decoursanne, place Royale, 7.
Bazin, rue Guillaume-le-Conquérant, 12.
Binet, rue St-Jean, 90.
Bréville aîné, Bagatelle.
Bréville jeune, place St-Pierre, 10.
Chevalier, rue St-Jean, 153.
Debaupte, rue St-Etienne, 116.
Decoursanne, rue St-Jean, 259.
Detournière aîné et Lecavelier, rue Neuve-St-Jean, 58.
Etienne, r. des Quais, 64
Fayel, rue de Bernières, 11.
Fontaine, r. Gémare, 1.
Faucon, rue Hamon, 1.
Goupil, rue Neuve-St-Jean, 35.
Guilbert, rue du Moulin, 12.
Huet frères, rue des Quais.
Lamy, r des Carmes, 13.
Latouche, rue Guillaume-le-Conquérant, 35.
Leboiteux, r. des Quais.
Lécluse, rue Neuve-St.-Jean.
Lejeune (Alexandre), rue St-Jean, 28.
Londe, rue Neuve-St.-Jean, 41.
Maheu, rue St.-Jean.
Mesnil, r. St-Jean, 100.
Michel, rue Notre-Dame, 88.
Morel, rue des Quis, 78.
Mulot, rue des Quais, 72.
Pauger, rue de Vaucelles, 48.
Ravenel, impasse Gohier, 9.
Renouf, Petits-Murs, 16.

Simon, rue Saint-Jean, 20.
Solenge, rue de l'Oratoire.

MARCHANDS DE VINAIGRE.

Leroy, rue du Vaugueux, 2.
Voyez *épiciers coquetiers*.

MARÉCHAUX.

Aubray, place de l'Ancienne-Petite-Boucherie, 122.
Delalonde, rue du Vaugueux, 4.
Boutrais, montoir Poissonnerie, 21.
Gremoy, rue de Caen, 7.
Guernier, rue Caponnière, 2.
Hardy, rue de Vaucelles, 59.
Lahaye, rue des Teinturiers, 12.
Langlois, r. St-Malo, 16.
Lucas, r. aux Lisses, 36.
Mariette, r. d'Auge, 24.
Nourry, rue de Vaucelles, 49.
Perpin, r. St.-Nicolas, 77.
Pelcerf, rue de Bayeux, 51.
Pitel, rue St-Laurent, 4.
Suriray, rue de la Fontaine, 1.

MÉCANICIENS.

Gauthier père, cours Couronne.

Lucet, rue de la Marine.
Salmon, Sables-St-Gilles.

MÉDECINS.

Ameline, rue des Carmelites.
Asselin r. de Geôle, 54.
Boscher, rue Notre-Dame, 98.
Bourrienne, r. Froide.
Buret, r. de Bernières, 12.
Chibourg, rue de Geôle.
Dan de la Vauterie, rue rue Neuve-St-Jean, 51.
Durand, rue Gémare.
Duvard, rue des Sables.
Etienne, place St-Sauveur, 9.
Eudes-Deslongchamps, rue de Geôle.
Faucon, rue de la Préfecture.
Fourneaux, r. Guilbert, S.
Godefroy, rue St-Jean.
Hardouin, rue Neuve-St-Jean, 26.
Lafosse, r. de l'Oratoire.
Lange, quai Vandœuvre.
Lebidois, place Royale.
Leboucher, rue de l'Académie, 10.
Leclerc, r. Ste-Anne, 5.
Lecœur, rue des Quais.
Lépée, r. des Teinturiers.
Leprêtre, r. de l'Odon.
Lequéru, rue des Carmelites.
Leprovost, r. de Vaucelles.
Lesauvage, rue de Bernières.
Liégard, r. des Carmes.

Luard, r. de Vaucelles.
Mayer, rue des Carmes.
Martin, r. Ecuyère, 17.
Malet, rue Caponnière.
Pellerin, rue Neuve-St-Jean, 52.
Regnault, rue St-Jean.
Raisin fils, rue au Canu.
Saint-Fresne, rue Saint-Jean, 120.
Scelles, place Mathilde, 11.
Vastel, rue St-Louis.

MENUISIERS.

Andrieu, rue Notre-Dame, 100.
Anger, r. des Carmes, 9.
Aulne, rue Neuve-Saint-Jean, 23.
Babulée, rue de la Marre, 2.
Bayeux, rue Caponnière, 17.
Bellebarbe, rue de la Fontaine, 2.
Besnard, rue des Toiliers, 1.
Bidot, rue Vilaine, 7.
Bottet, rue Basse, 17.
Boulland, rue Coupée, 16.
Bourrienne, rue de l'Oratoire, 6.
Bruchard, rue de Falaise, 12.
Busnel, rue Neuve-Saint-Jean, 10.
Caron, rue Neuve-Saint-Jean, 40.
Chalange, cour de la Monnaie, 4.
Chasle, rue des Jacobins, 12.
Chevalier, rue de Falaise, 4.
Corbel, rue Notre-Dame, 106.
Demenel, rue du Pavillon, 24.
Deterville, rue Pavée, 122.
Desauney, rue Neuve-Saint-Jean, 19.
Dione, r. des Croisiers, 7.
Doron, rue St-Jean, 244.
Dufayel, rue aux Juifs, 5.
Dufour, r. Bosnière, 21.
Fanet, rue de Vaucelles, 27.
Féron, r. Pémagnie, 14.
Flagère, rue Neuve-St-Jean, 48.
Fleury, rue Neuve-Saint-Jean, 28.
Gaugain, rue des Quais, 84.
Gillouet, r. aux Namps, 4.
Girard, rue Guillaume-le-Conquérant, 2.
Grenier, rue du Vaugueux, 35.
Hartel, rue de Lisieux, 4.
Hubert, rue des Jacobins, 6.
Hurel, rue Neuve-Saint-Jean, 42.
Lamidey, rue St-Malo, 3.
Lebreton, place de la Comédie, 1.
Lebreton, rue Guillaume-le-Conquérant, 29.
Lechangeur, rue Neuve

St-Jean, 20.
Leclerc, r. des Quais, 18.
Lechevalier, r. des Croisiers, 40.
Ledan, rue Neuve-Saint-Jean, 34.
Lecouvreur, rue Saint-Jean, 144.
Ledard., r. Ecuyère, 35.
Lefèvre-Noël, r. Neuve-St-Jean, 5.
Lefranc, rue des Capucins, 27.
Legris, rue Neuve-Saint-Jean, 12.
Lelouey, rue Neuve-St-Jean, 7.
Leroux, rue Notre-Dame, 117.
Levallois, rue de la Préfecture, 18.
Lucet, rue des Ursulines, 11.
Marie, rue Neuve-Saint-Jean, 13.
Marie, rue de la Préfecture, 25.
Marie, rue St-Jean, 230.
Mériel, Maladrerie.
Mesnil, rue St-Jean, 175.
Moulinet, r. Guilbert, 5.
Paris, rue Neuve-Saint-Jean, 66.
Pierrette, Porte-au-Berger, 3.
Planquette, rue du Moulin, 5.
Patron, r. Pémagnie, 13.
Porée, rue Ecuyère, 46.
Postel, rue Neuve-Saint-Jean, 14.
Quesnel, rue Neuve-Saint-Jean, 11.
Royer, place St-Sauveur, 32.
Saillenfets, rue Neuve-Saint-Jean, 46.
Scelles, r. St-Martin, 76.
Soinard, rue de Bernières, 3.
Tarin, rue Ecuyère, 25.
Troppé, rue des Teinturiers, 15.
Thouroude, rue de Geôle, 22.
Valette, r. St-Martin, 17.

MERCIERS.

Allard, rue Notre-Dame, 88.
Benard, rue St-Sauveur, 24.
Blin, rue St-Laurent, 2.
Boutrais, rue du Pont-St-Jacques, 4.
Briard, rue Froide, 19.
Charles, Marché-au-Bois, 2.
Cauchard, rue des Teinturiers, 22.
Champin, rue de l'Ancienne-Halle, 2.
Châtel, Venelle-aux-Chevaux, 4.
Dalibert, Porte-au-Berger, 2.
Déchalou, rue Ecuyère, 10.
Delaunay, r. Froide, 11.
Deslandes, rue St-Jean, 104.
Desmonts, r. de Geôle, 6.
Desruissaux, rue Froide, 45.

Dumaine, Venelle-aux-Chevaux, 2.
Dupont-Bellais, rue Froide, 33.
Dupré, rue Notre-Dame, 93.
Etienne, r. St-Jean, 244.
Falue, Venelle-aux-Chevaux.
Fanet, rue Froide, 27.
Fleury, Porte-au-Berger.
Gaultier, rue St-Etienne, 125.
Greslay, place St-Pierre, 24.
Hamard, rue Froide, 35.
Hardouin, place du Collége.
Hédiard, rue de Vaucelles, 122.
Hesnard, rue Froide, 49.
Heuste, rue Écuyère, 3.
Hubert, place St-Pierre, 5.
Lecavelier, rue du Puits, 2.
Lefèbre, rue Notre-Dame, 80.
Loubarès, pont St-Pierre, 5.
Mallet, rue Ecuyère, 5.
Mallet, rue Froide, 17.
Manchon, r. du Moulin, 43.
Marie, rue Guillaume-le-Conquérant, 29.
Mathurin-Bosquet, montoir de la Poissonnerie, 5
Mesnil, rue Guillaume-le-Conquérant, 11.
Mesnil, rue de Vaucelles, 52.
Morice, rue Froide, 47.
Morin, rue Caponnière, 16
Noël, rue Notre-Dame, 64.
Noël veuve, rue Notre-Dame, 94.
Philippe, r. Froide, 43.
Poubelle, Venelle-aux-Chevaux.
Régnier, place St-Pierre, 2.
Robert, venelle Mesnil-Thouret.
Thouroude, rue St-Jean, 72.

MEUNIERS ET MARCHANDS DE FARINE.

Boujon, rue Gémare, 19.
Dubois, place du Collége-Royal.
Duval, rue Gémare, 4.
Hessard, rue des Capucins, 54.
Lamotte, rue Bosnières, 24.
Leboulanger, rue du Pont-Créon.
Lemierre, rue Hamon, 7.
Rossignol, rue de Vaucelles, 39.
Lecavelier fils, rue Neuve-St-Jean.
Lecavelier (Pierre), rue Guilbert.

MIROITIER.

Vᵉ Dethan, rue Notre-Dame, 56.

MONTEUR DE BOITES DE MONTRES.

Lefévre, venelle Mesnil-Thouret.

MOUTARDIER.

Grenier, rue Gémare, 10.

NÉGOCIANTS.

Angot, r. de Vaucelles, 13.
Armstrong, r. St-Jean, 131.
Ballière, r. du Moulin, 6
Blanchard-Quesnel, rue Gémare, 8.
Bouillie, impasse de la Fontaine, 42.
Brière, rue Neuve-Saint-Jean.
Brunon (Léon), rue Guilbert.
Dascher jeune (Auguste), rue St-Jean.
Dascher aîné, r. Guilbert.
David, rue Guilbert.
Deslandes, r. des Quais, 40.
Ducellier, r. des Quais, 22.
Duperré-Crestey, rue St-Pierre.
Durrieu et Vander-Schueren, rue de la Marine.
Holzmann, rue de l'Oratoire.
Jardin (Auguste), cour de la Monnaie.
Jardin fils aîné, rue des Carmes.
Jobert frères, rue Guilbert, 18.
Lebray, rue Neuve-St-Jean, 35.
Lecesne, rue des Carmes, 170.
Lécluse, rue Neuve-St-Jean.
Lecomte, r. des Carmes.
Lecomte frères, rue des Quais, 44.
Lefrançois vᵉ et fils, rue Neuve-St-Jean, 50.
Legris-Duval, rue de la Fontaine.
Lemoine (Thomas), rue Neuve-St-Jean.
Leveneur, rue du Tour-de-Terre, 14.
Liais, rue des Carmes.
Louesdin, rue Neuve Saint-Jean.
Moisson, r. Guilbert, 16.
Moisson (Paul), rue des Quais, 50.
Mottelay, rue de Vaucelles.
Mulot, rue des Quais.
Paulmier, rue St-Jean.
Ruault, rue de Vaucelles.
Tillard, impasse de l'Hôtel-Dieu.
Vautier frères, r. St-Jean.
Verrier, rue Hamon, 14 et 16.
Vimard aîné, rue Neuve-St.-Jean, 64.

OPTICIENS.

Nessy, Petits-Murs, 14.
Rossy, rue St-Jean, 24.

PANNETIERS.

Bourguigné, rue Écuyère,

Harivel, r. de Falaise, 38.
Harivelle, r. St-Pierre, 22.
Jacquemont, rue de Geôle, 14.
Trouay, r. d'Auge, 103.

PAPETIERS.

Cauville, rue Guillaume-le-Conquérant, 1.
Cécire, r. St-Jean, 100.
Farin-Bloquet, rue St-Pierre, 11.
Lebecq, r. Notre-Dame, 40.
Lemarchand, Venelle-aux-Chevaux, 13.
Lemonnier, rue Guillaume-le-Conquérant.
Leroy, pont St-Pierre, 13.
Massienne, r. St-Jean, 85.
Philippe, r. St-Jean, 119.
Rivet, place St-Sauveur.
Rivière, rue Gémare, 3.
Rivière fils, r. Froide, 8.
Royer, rue St-Jean, 49.

PARFUMEURS.

Marie, r. Notre-Dame, 87.
Suriray, rue Notre-Dame, 68.

PASSEMENTIERS.

Alliot-Préjardin, rue Ecuyère, 11.
Barette, rue Notre-Dame, 84.
Bourgeois, rue St-Martin, 76.
Constance, rue Caponnière, 9.
Deslandes (Mlle), rue St-Jean, 104.
Etienne, rue d'Auge, 65.
Filleul, r. St.-Pierre, 8.
Goupil, Venelle-aux-Chevaux, 4.
Hue, Venelle-aux-Chevaux, 5.
Lecointe, Venelle-aux-Chevaux, 19.
Legrand, r. Montaigu, 7.
Legrand, rue St-Sauveur, 32.
Leguay, r. St-Jean, 104.
Lemarchand, rue St-Jean, 187.
Letellier, r. Ecuyère, 46.
Lévêque, rue de Bayeux, 28.
Malherbe, r. St-Jean, 28.
Maline, rue des Carmelites, 2.
Pelcerf, pont St-Pierre, 6.
Polin, venelle-aux-Chevaux.
Quesnot, r. St-Jean, 208.
Renou-Lamarre, rue St-Pierre, 39.
Richard, r. St-Jean.
Rossignol, montoir de la Poissonnerie, 3.
Secondeau, rue St-Nicolas, 85.

PATISSIERS.

Barbuda, rue Notre-Dame, 74.
Boote, Venelle-aux-Chevaux, 29.
Decroq, r. St-Jean, 136.
Elie, place St-Pierre, 2.
Janatz, place St-Sauveur, 9.
Lebreton, rue St-Jean, 148.

Madelaine, rue St-Jean, 82.

PEINTRES.

Bellaize, rue des Croisiers, 7.
Blouet, rue Pémagnie, 18.
Bonami, r. des Sables, 8.
Canon, rue Singer.
Duclos, r. aux Lisses, 5.
Duclos, r. aux Namps, 13.
Guille, rue des Carmelites, 3.
Lazarre-Cincci, rue Guillaume-le-Conquérant, 16.
Lavincy, rue des Carmes, 66.
Legrand, rue Neuve-St-Jean, 54.
Montigny, rue Notre-Dame, 106.
Moulin, *en voitures*, rue St-Louis, 8.
Neuville, rue de Bernières, 13.
Niard, r. de Chazot, 31.
Niron, r. de Lisieux, 10.
Paulmier, rue de Bernières, 6.
Sauvage, rue Ecuyère.

PELLETIERS.

Ameline, r. St-Jean, 29.
Duval, Petits-Murs, 10.

PENSIONNATS DE DEMOISELLES.

Desrivières, r. au Canu.
Deguer, rue de Geôle.
Mauchain.

Pimont, place Royale.
Pinel, r. Neuve-St-Jean.
Roberto, rue Guilbert.
Wheatcroft (Mlle), r. des Quais.

PENSIONNATS DE JEUNES GENS.

Bérard, à Bagatelle.
Lechevalier, r. de Geôle.
Mutel, rue de la Préfecture.
Quillou, à Bagatelle.
Roger, place St-Martin.
Samson, rue des Quais.
Wheatcroft, rue de Bretagne, Bourg-l'Abbé.

PÉPINIÉRISTES.

Brout, rue de Bretagne.
Mannoury, rue Basse.
Richard, rue Ecuyère.

PERRUQUIERS-COIFFEURS.

Bertauld, rue du Vaugueux, 17.
Bertrand, rue des Jacobins, 1.
Billet, rue St-Jean, 129.
Chicot, rue de Vaucelles, 47.
Clairet, rue d'Enfer, 4.
Clavreul, r. Ecuyère, 11.
Crevel, pont St-Pierre, 7.
Danbet, rue St-Jean, 52.
Daulne, r. St-Jean, 223.
Desilles, Marché-au-Bois, 10
Dodé, rue St-Etienne, 112.

Dodé, rue St-Jean, 105.
Draguet, rue Guillaume-le-Conquérant, 30.
Dubosq, rue Froide, 20.
Dubosq, rue St-Sauveur, 4.
Guillot, rue Caponnière, 22.
Hamel, rue de Vaucelles, 104.
Hay, rue de Geôle, 3.
Hébert, rue St-Jean, 169.
Heuzard, r. des Jacobins, 8.
Jourdain, rue des Carmes, 64.
Lechevalier, rue Hamon, 5.
Lecornu, place St-Sauveur, 2.
Lemoine, pont St-Jacques, 7.
Lemonnier, rue Saint-Etienne, 116.
Leroy, rue du Vaugueux, 61.
Levard, rue Saint-Jean, 78.
Loquet, Venelle-aux-Chevaux, 21.
Marcant, rue Notre-Dame, 65.
Marie, r Caponnière, 15.
Marie, rue Notre-Dame, 90.
Richer, r. Ecuyère, 32.
Richer, rue St-Martin, 49.
Saint-Martin, rue Notre-Dame, 84.

PESEUR JURÉ.

Ratel, place St-Pierre, 21.

PHARMACIENS DROGUISTES.

Bassy, rue St-Jean, 129.
Blin, rue de Geôle, 36.
Clément, rue de la Fontaine, 14.
Danneville, rue du Moulin, 14.
Decourdemanche, rue Froide, 28.
Fayel, montoir de la Poissonnerie, 3.
Gérault, rue de Vaucelles, 29.
Goudier, place de l'Ancienne-Petite-Boucherie, 41.
Guérin, r. St-Pierre, 41.
Halbique, r. St-Jean, 46.
Hamel, rue St-Jean, 26.
Hubert, rue Notre-Dame, 121.
Jean, r. Notre-Dame, 69.
Lemarchand, rue St-Pierre, 29.
Julien, rue Froide, 32.
Massienne, rue St-Jean, 218.
Mondchard, rue de Vaucelles, 40.
Onfroy, rue St-Sauveur.
Passet, pont St-Pierre, 5.
Pigache, r. St-Jean, 120.
Rivière, rue Guillaume-le-Conquérant, 25.
Roussette, place Royale, 5.

Zill-Desilles, place St-Sauveur, 5.

PLATRIERS.

Bellais, r. St-Jean, 237.
Bénoit, rue Gémare, 12.
Bénoit, r. St-Jean, 233.
David-Durand, montoir de la Poissonnerie, 28.
David, rue Guilbert, 24.
David, r. de l'Oratoire, 9.
David, rue Neuve-St-Jean, 4.
Hauvel, rue du Vaugueux, 2.
Hébert, rue de la Préfecture, 48.
Lance, rue St-Sauveur, 6.
Lebrun, venelle Haldot, 7.
Lerenard, r. de l'Odon, 6.
Porcet, r. de Vaucelles, 89.
Roger, r. du Moulin, 18.
Roger, rue des Teinturiers, 26.
Royer, rue St-Jean, 44.
Tulou, rue de Geôle, 37.
Tulou, rue Pémagnie, 2.
Tullou, r. St-Martin, 31.
Vallée, r. des Carmes, 5.

POELIERS FUMISTES.

Catomio, r. Jean-Romain.
Lebaron-Bacon, r. St-Jean.

POISSONNIERS.

Lemonnier, rue St-Malo, 1.

Pinel, id., 12.

POMPIERS.

Delarocque, rue St-Jean, 242.
Nicolas, dit Rançay, rue St-Jean, 230.

POTTIERS D'ÉTAIN.

Beaufort, rue Saint-Jean 192.
Gouix, rue Notre-Dame, 103.
Jouve, rue-St-Sauveur.
Seigneurie, rue St-Pierre, 28.
Taffu, rue de l'Oratoire.

POULAILLERS.

Blondel, rue de Bayeux, 115.
Bordel, rue de Bretagne, 29.
Cantrel, r. de Bayeux, 13.
Claudet, rue de Bretagne, 19.
Gosselin, r. Pavée, 122.

PROFESSEURS DE DESSIN.

Deguer, rue de Geôle.
Deshayes, rue Neuve-St-Jean.
Elouis, à l'Hôtel-de-Ville.
Lavigne, rue St-Jean.
Lecordier, rue Neuve-St-Jean.

Lenourichel, r. St-Jean.
Malherbe, rue Pailleuse.

PROFESSEURS DE LANGUES.

Bertheaume (français), rue des Carmes.
Gautier (*id.*), rue Pailleuse.
Macleod (anglais), rue de Geôle, 49.
Man (Mll^e) (*id.*), rue St-Jean.
Rivière, (*id.*), rue de Geôle.
Tamajo (italien), rue des Carmes.
Wheatcroft (anglais), rue de Bretagne, Bourg-l'Abbé.

PROFESSEURS DE MUSIQUE.

Barrière (clarinette).
Beziers (Mll^e) (Piano), rue St-Jean.
Conard (flûte), rue St-Jean.
Corbin (Mll^e) (piano), rue de Geôle.
Dejazet (piano), rue St-Jean, 95.
Gervais (*id.*), rue de la Fontaine.
Graverend (violon), rue de l'Engannerie.
Guerrier (chant), impasse Gohier.
Lavigne (flageolet), rue St-Jean.
Leroy (piano), rue des Carmes.
Liot (violon).
Lusurier (basse), rue du Tour-de-Terre.
Mériel (serpent et trombonne), Venelle-aux-Chevaux.
Morel (Mll^e) (piano), rue St-Jean, 32.
Rossi (flûte), r. St-Jean.
Schellemberg (Mll^e) (chant et piano), rue St-Etienne.
Schleght (basse), rue de l'Oratoire.
Schleght (Mme) (piano), *id.*
Soster (violon), rue St-Etienne.
Soster (Mll^e) (harpe), *id.*
Tanneur (cor et cornet à piston), r. des Carmelites.
Théry (violon), alto, rue de l'Oratoire.

PROPRIÉTAIRES DE BARQUES.

Denis, rue de la Prairie-St-Gilles.
Morice, r. des Quais.
Morin, rue de la Prairie-St-Gilles, 5.
Mottet, r. des Quais, 54.

QUINCAILLIERS.

Chatelier-Gaumont, rue St-Jean, 127.
Chollet, r. de Bernières, 4.
Douesnel, r. de Vaucelles, 16.
Durand, r. du Tour-de-Terre, 16.

Errot et Criquet, Venel-
le-aux-Chevaux, 17.
Flaguais, r. Ecuyère, 5.
Guerard-Deslauriers, pont
St-Pierre, 10.
Guerard père, rue de
Bayeux, 1.
Houlbec, r. St-Etienne,
120.
Leblanc, montoir de la
Poissonnerie, 11.
Leblanc, r. St-Etienne,
137.
Liégard, r. St-Jean, 65.
Tostain, r. Notre-Dame,
76.

RAFFINERIES DE SUCRE.

Jh. Clerc-Kayser et
comp. (Harfleur et Ingou-
ville), rue de l'Oratoire.
B. Lecarpentier Lacou-
drais et comp. (Honfleur),
rue Neuve-St-Jean.

RELIEURS.

Cardinal, r. aux Namps, 6.
Jouanne, r. St-Laurent,
10.
Marie-Viel, r. St-Sauveur.
Rivet, place St-Sauveur, 9.
Varin, Cour de la Mon-
naie, 2.

RESTAURATEURS.

Bisson, place St-Martin.
Breton, rue St-Jean.
Goupil, r. aux Namps, 3.
Longuet, r. St-Jean, 32.
Vimont, rue de Geôle.

ROTISSEURS.

Angot, rue St-Etienne,
149.
Goupil, rue aux Namps, 3.
Hervieu, place de la
Poissonnerie, 3.
Laperelle, rue de la
Fontaine.
Longuet, rue St-Jean,
32.
Vimont, rue de Geôle.

SAGES-FEMMES.

Berthout, rue St-Mar-
tin, 43.
Boursin-Leterrier, rue
de l'Engannerie, 18.
Chapelle, rue du Vau-
gueux, 62.
Goubin-Maheust, rue de
Geôle, 17.
Goubin-Demarne, rue
Ecuyère, 36.
Laville, rue d'Auge, 36.

SCULPTEURS.

Cortopassi, rue des Car-
mes, 2.
Douin, rue St-Louis.
Mofras, r. des Jacobins.

SELLIERS, CAROSSIERS
ET BOURELIERS.

Authié, rue Saint-Jean,
140. S. C.
Aze, rue de Vaucelles, 51.
Déclais, rue St-Nicolas,
73.
Goujet, rue Hamon, 3.
Germain, rue Saint-Jean,
174. S C.
Guerard, rue de Vau-
celles, 44. S. C.

Hébert, rue aux Lisses, 27.
Hue, rue de Vaucelles, 70.
Hue, r. du Vaugueux, 9.
Lanjallay, rue St-Jean, 249. S. C.
Lavicille, rue des Teinturiers, 8.
Maréchal, rue St-Jean, 188. S.
Nicolle, rue Hamon.
Roussel, place de l'Ancienne-Petite-Boucherie, 118.
Vincent, rue Venelle-aux-Chevaux, 3. S C.
Yon-Desjardins, rue Ecuyère, 50.

SERRURIERS ET FERRAILLEURS.

Becquemy, rue Saint-Martin, 13.
Béziée, rue des Carmes, 14.
Bézier, rue de Lisieux, 6.
Bouet, rue St-Sauveur, 39.
Brard, montoir de la Poissonnerie, 24.
Brunet, rue St-Jean, 231.
Carpentier, rue Froide, 14.
Constant, Marché-au-Bois, 14.
Dumont, rue des Carmes, 36.
Gauthier, rue de la Prairie-St-Gilles.
Gilles, rue Ste-Paix, 34.
Hébert, rue Neuve-St-Jean, 25.
Hébert, rue Neuve-St-Jean, 28.
Heuzey, rue Hamon, 12.
Heuzey, rue St-Sauveur,
Heuzé, r. du Vaugueux, 14.
Héricy, rue St-Nicolas, 67
Hugot, rue des Carmelites, 20.
Larieux, rue de Lisieux, 14.
Lavieille, rue des Carmes, 19.
Lebis, r. Caponnière, 9.
Lecornu, rue Neuve-St-Jean, 9.
Lemarchand, rue du Moulin, 7.
Leprovost, rue aux Namps, 7.
Lethuit, rue Notre-Dame, 100.
Madelaine, rue Notre-Dame, 123.
Manoury, r. de Geôle, 15.
Marie, venelle Campion, 1.
Ménard, Ancienne-Halle, 11.
Noël, rue des Teinturiers, 22

Osmont, rue des Carmes, 3.
Osmont, rue de l'Oratoire, 23.
Renaudier, rue de l'Eglise-de-Vaucelles.
Robbe, Champ-de-Foire, 11
Salan, Puits-ès-Bottes, 1.
Salmon, rue Prairie-St-Gilles, 3.
Sosson, Puits-ès-Bottes, 13.
Sosson, r. Vilaine, 5.
Verdent, rue Ste-Paix, 12.

TAILLEURS.

Alliot-Préjardin, pont St-Jacques, 9.
Chalaust, rue Notre-Dame, 76.
Chrétien, r. St-Jean, 44.
Ciroux, r. St-Jean, 82.
Cornu, r. St-Jean, 46.
Cousin, r. St-Jean, 144.
Debuchère aîné, r. St-Jean, 54.
Debuchère, r. des Teinturiers.
Devic, pont St-Pierre, 20.
Dutrosne, rue St-Pierre, 31.
Fleury, rue Caponnière, 17.
Frigost, pont St-Pierre, 1.
Furon, rue des Carmelites, 2.
Ghlerot, rue de Lisieux, 11

Homo, r. Froide, 10.
Langin, r. St-Pierre, 14.
Lebas, rue Ecuyère, 46.
Lefèvre, rue St-Etienne, 124.
Lemotteux, rue St-Jean, 41.
Lesage, r. Notre-Dame, 19.
Marie, r. de Vaucelles, 72.
Michel, r. au Canu, 14.
Paquin, r. St-Jean, 19.
Petit, rue St-Jean, 29.
Picard, rue St-Jean.
Porée, r. Notre-Dame, 86.
Provost, rue de la Préfecture, 7.
Saint-Jean, Maladrerie.
Samson, r. Notre Dame, 64.
Savary, r. St-Pierre, 32.
Villas, r. St-Jean, 61.

TAPISSIERS.

Guerin, r. des Carmes, 5.
Henry, r. Ecuyère, 42.
Huard, rue Hamon, 3.
Hue, r. Notre-Dame, 56.
Lalan, r Froide, 14.
Lamy, r. St-Jean, 103.
Lecomte-Coueffin, r. de l'Oratoire, 7.
Lecoq, r. des Carmes, 17.
Lecoq, r. Vilaine, 20.
Lefranc, rue St-Etienne, 127.
Letellier, rue Saint-Jean, 83.

Maizerai, r. Notre-Dame, 64

Marescal, rue de la Préfecture, 26.

Malfilâtre, r. St-Jean, 40.

Mutel, r. St-Jean, 118.

Rillouey, r. de Geôle, 8.

Tapin, r. de Geôle, 27.

Vimbert, r. des Carmes, 19.

TEINTURIERS DÉGRAISSEURS.

Bisson, rue St-Sauveur, 25.

Bougy, rue St-Etienne, 127.

Bougy, rue St-Laurent

Claveau, r. St-Jean, 209.

Dupeigne, rue de l'Oratoire, 5.

Hamelin, r. Ecuyère, 42.

Hassez, rue Saint-Laurent.

Jardin, rue de Geôle, 18.

Langlois, r. de Bernières, 7.

Lennier, r. de Geôle, 24.

Massieu, rue des Teinturiers, 11.

Porcher, pont St-Pierre, 14, (*décatissage anglais*).

Renouf, rue du Tour-de-Terre.

Tabouret, r. de l'Hôtel-de-Ville, 26.

Trilley, rue aux Lisses, 20.

TISSERAND.

Hamon, r. Ste-Paix, 18.

TONNELIERS.

Auvray, r. de Vaucelles, 13.

Belhache, r. St-Nicolas,

Giard, montoir Poissonnerie, 23.

Giard, r. Caponnière, 27.

Hartois, r. St-Jean, 186.

Jeanne, r. des Quais, 46.

Jouan, montoir Poissonnerie, 18.

Jouan, r. des Capucins, 33

Leblanc, r. Formage, 9.

Ledard, r. Hamon, 9.

Lehéricy, r. de la Boucherie, 33.

Leprovost, rue de Bayeux, 2.

Leroy, r. des Quais, 12.

Luard, rue d'Auge, 3.

Lucas, rue Neuve-Saint-Jean, 39.

Planquette, rue Neuve-St-Jean, 18

Rosel, r. des Teinturiers, 19.

Roussel, rue des Teinturiers, 3.

TOURNEURS.

Bélissent, r. du Moulin, 1.

Beuron, r. St-Jean, 64.

Boutrais, r. de Geôle, 12.

Buhour, r. de Geôle, 8.

Dauvergne, rue Saint-Sauveur, 11.

Delauney, r. Gémare, 12.

Groult, r. des Capucins, 92.

Guilbert, rue des Croisiers, 6.
Hébert, r. des Jacobins, 5.
Hermerel, rue des Teinturiers, 24.
Hubie, r. St-Jean, 69.
Lebouteillier, rue St-Malo, 11.
Lechesne, r. St-Martin, 19.
Lefoulon, venelle Manissier, 3.
Leguay, r. de Falaise, 15.
Lemore, r. aux Lisses, 12.
Leroy, r. des Capucins, 5.
Mériel, Venelle-aux-Chevaux, 2.
Miray, r. St-Jean, 149.
Simon, r. du Moulin, 18.
Tournier, rue Notre-Dame, 101.
Vitel, r. St-Pierre, 26.

TOURNEUR EN CUIVRE.

Chatelier-Gaumont, rue St-Jean.

VÉTÉRINAIRES.

Aubry, r. de Vaucelles, 13.

Cailleux, rue de la Monnaie.
Desbans, rue au Canu, 24.
Hardy, r. Ecuyère, 33.
Lefranc, rue Saint-Jean, 46.

VITRIERS.

Barzaga, rue des Croisiers, 10.
Gervais, Puits-ès-Bottes, 18.
Gueroult, r. St-Etienne, 116.
Lepetit, r. des Carmes, 6.
Louvet, r. de Vaucelles, 78.
Malon, r. St-Jean, 195.
Néel, r. de l'Oratoire, 16.
Pinchard, rue Coupée, 15.
Samson, r. de Villers, 116.

VOILIERS.

Blaché, r. de la Prairie-St-Gilles.
Morin, id.

LIBRAIRIE MODERNE D'AIMÉ AVONDE,
Rue St-Jean, 99, au coin de la rue de l'Engannerie.

PROSPECTUS
D'UN NOUVEL ABONNEMENT DE LECTURE POUR CAEN ET TOUT LE DÉPARTEMENT.

Depuis long-temps on désirait à Caen un établissement dans lequel on pût trouver les nouveautés de suite et en nombre. Nous croyons, à force de soins et de sacrifices, être arrivé là, et avoir composé depuis quatre ans un CABINET DE LECTURE qui ne laisse rien à désirer aux amateurs. En effet, tous les ouvrages de nos meilleurs écrivains, les revues, les brochures, ont été et sont tous les jours livrés à la circulation; nous en appelons au témoignage des nombreux abonnés qui nous ont constamment honoré de leur confiance; seulement le prix leur paraissant trop élevé, ils nous citaient souvent les grandes villes comme modèle d'ABONNEMENT A BON MARCHÉ.

Désirant leur être agréable, nous proposons à cet effet le plan d'abonnement ci-après :

L'abonnement sera d'une année, transmissible, et du prix de 30 fr.

Au bout de l'année, l'abonné recevra pour 10 fr. de livres, à son choix, ce qui réduit le prix A 20 F.

Tous les articles sont marqués à PRIX FIXE.

Dès que cent abonnés seront inscrits, l'abonnement commencera, et comme il n'est pas douteux que ce nombre soit bientôt dépassé, nous établissons que nous diminuerons de 5 fr. le prix d'abonnement des cent abonnés fondateurs. Ainsi, dans le cas où nous arriverions à deux cents inscriptions, ces cent premiers abonnés recevront pour 15 fr. de livres, et si, comme il est probable, nous parvenons à réunir 300 souscripteurs, ils en recevront pour 20 fr.

AVANTAGES QUE PRÉSENTE CET ABONNEMENT.

Diminution réelle de 16 fr. sur l'année d'abonnement, puisque le prix établi de tous les cabinets est de 36 fr. par an.

Plus le nombre d'abonnés sera grand, et plus le don en livres augmentera; en sorte que les cent premiers abonnés peuvent, en coopérant activement à l'augmentation, recevoir une valeur de livres égale au prix payé pour l'abonnement.

L'abonnement étant transmissible, une personne qui ne peut lire pendant un certain temps, passe à qui bon lui semble son livret d'abonnement, en sorte qu'il n'y a point d'interruption.

Nous offrirons à nos abonnés les plus belles publications; enfin nous leur fournirons les livres à leur choix.

Les personnes qui désireront obtenir de plus amples détails sur ce nouveau mode d'abonnement sont invitées à passer à la Librairie, où les conditions sont affichées; elles se convaincront de tous les avantages qu'il présente, et seront à même de juger de la composition du cabinet.

Caen, Imp. de Pagny, rue Froide. 1836.

Cet Indicateur étant spécialement fait pour les étrangers, nous croyons devoir leur recommander la lecture de cet article, destiné à leur faire connaître un port tout nouvellement construit, et un hôtel bien tenu pour la saison des bains.

ILE DE PLAISANCE

DE COURSEULLES.

Le nouveau Port de Courseulles mérite d'être visité par les étrangers, il est susceptible d'un accroissement prodigieux.

On y remarque une jolie propriété, dont une partie est livrée au public, et qui renferme un excellent restaurant à des prix très-modérés.

Tout le monde n'aperçoit pas, au premier abord, ce que cet établissement, connu sous le nom d'ILE DE PLAISANCE, offre de précieux et de remarquable. Sa position géographique, entre le pays d'Auge et le Cotentin, bornée de toute part par une large rivière poissonneuse, l'Océan et un port de mer, accédée par la belle route de Caen et celle de Bayeux, ayant Cherbourg à sa gauche et le Havre à sa droite, une vue admirable par terre et par mer, les plus beaux et les meilleurs parcs à huîtres de France, le terrain le plus fertile, la mer battant son plein à cinquante mètres de l'hôtel, où l'on se rend directement par un pont particulier, enfin la grève la plus belle et la plus douce, concourrent à rendre l'*Ile de Plaisance* le point de ralliement privilégié des baigneurs.

Par un hasard heureux, sous le long berceau qui forme l'allée du milieu des bosquets, on aperçoit le nouveau phare de Ver, tandis que les beaux clochers de Bernières et de Langrune en forment le pendant du côté opposé, à même distance.

Malgré les soins et les dépenses de son fondateur, cet Établissement n'a pas encore atteint le degré d'importance qui lui convient. Il paraît qu'une bâtisse considérable, couverte en terrasse, pourra bientôt offrir des logements commodes à de nombreuses familles. Deux parcs vont être réunis en un joli bassin ayant ses portes de flot, pour que les amateurs de pêche et de promenades sur l'eau puissent, à deux pas, et sous les fenêtres de l'hôtel, appareiller de légères embarcations, et gagner directement le large (le petit bateau façon vapeur étant uniquement destiné aux promenades sur la rivière). Enfin les beaux bosquets que M. Bétourné compare aux jardins d'Armide, étant réunis par des ponts aux jolies promenades de la digue, l'*Ile de Plaisance* sera un paradis terrestre, et aussi centre d'une ville, quand, par les bâtiments qui s'élèveront sur le port, les villages de Gray et Courseulles ne feront qu'un.

C'est un lieu de réunion pour toutes les classes de la société. L'artillerie y annonce tous les ans la fraternisation des Sociétés Philharmoniques de Caen et de Bayeux ; les repas de corps y sont fréquents, et les premières autorités du Calvados, en septembre dernier, ont honoré de leurs éloges le nouveau restaurateur de l'Ile.

L'*Ile de Plaisance* longe le port, mais ne s'étend que jusqu'à Gray ; elle ne contient qu'une cinquantaine de vergées, et son terrain fertile peut se transformer tout entier en parcs à huîtres presque sans frais, toutes les écluses et conduits souterrains étant faits ; elle offre des positions avantageuses pour usines, et les plus beaux emplacements pour la construction des maisons de commerce. Il est difficile, nous dirons même impossible, de rencontrer un si petit terrain, autant susceptible d'être objet de produit et d'agrément.

Mais n'arrive pas à l'*Ile de Plaisance* qui veut. Il faut passer à travers une nuée de cabaretiers qui arrêtent les voitures, disant *que l'on est arrivé, qu'on ne peut aller plus loin sans verser, qu'on sera écorché, et autres balivernes semblables.*

Déjà on construit pour le Port de Courseulles un bateau à vapeur destiné aux voyages de Paris et du Havre. Tout fait présager que la saison des bains y sera bientôt aussi brillante qu'à Dieppe.

www.ingramcontent.com/pod-product-compliance
Lightning Source LLC
Chambersburg PA
CBHW071940160426
43198CB00011B/1485